坪田耕三の
切ってはって算数力

坪田耕三　著

教育出版

- ●作品使用許諾
  堀内 冬彦
  (堀内 正和「ジグザグ立方体」1974年)
- ●作品写真提供
  栃木県立美術館

- ●本文初出
  『朝日新聞』連載
  (2014年10月5日〜2016年3月24日)
- ●本文図版・DVD動画提供
  朝日新聞社
- ●連載記事編集・DVD撮影
  宮坂 麻子(朝日新聞社)
- ●DVD出演
  小野寺 愛・中村 香菜
  (青山学院大学 坪田研究室)

はじめに

　本書は、朝日新聞に隔週で連載していた『坪田耕三の、切って　はって　算数力』を書籍化したものです。連載は、2014年10月から2016年3月まで続いたものです。前半は「子育て欄」に、後半は「教育欄」に掲載されました。全部で38回にも及ぶものとなりました。

　いずれも、実際にモノを使って体感しながら考えていくという「ハンズオン・マス」の考えによるものでした。

　ハンズオンとは、手を使ってという意味です。大きく言えば具体的体験活動を指します。そして、マスはマスマティクスの略です。算数ということです。したがって、「ハンズオン・マス」は「体験的算数」という意味になります。

　算数は非常に抽象的な勉強です。しかし、紙と鉛筆だけでわかろうとするのでなく、具体的に手を使って作業的・体験的に理解していこうとすれば、頭の中に具体的映像が焼き付き、想像力が養われていきます。

　この新聞記事にしても同じことで、読んだだけではなかなか理解できないものも多くあります。そこで、毎回の記事には、3分程度の動画をつけることにしました。見てわかることを目指したものです。読者諸氏には、これを実際に手元で作っていただければよりよくわかるのではないかと思います。

　幸いなことに、私の研究室に来ている教職を目指す学生諸君が手伝ってくれました。前半では小野寺愛さんが、後半では中村香菜さんが手伝ってくれました。そのDVDも本書に付けることにしました。お二人には先生の立場に立たれて、この教具を使って授業をされることを期待しております。

　また、新聞の記事でしたので、記者の宮坂麻子さんには、注意深く原稿を校正していただき一般の読者にも分かりやすいものにしていただけました。

　本書は一般読者に読んでいただけることを想定しましたが、学校教育の中で使えるものもたくさんあると考えます。もしも教育関係に仕事をお持ちの方は、ぜひこれを子どもにやらせていただければと思います。子どもがどのようにして理解していくのかが目の当たりにわかるのではないでしょうか。きっと楽しいひと時をともに過ごせるのではないかと思います。ハンズオン・マスのよさの一つに「一緒に協力してつくり、楽しむ」ことが挙げられます。算数好きの子が増えることを大いに期待するものであります。

　最後に、本書の編集に力を入れてくださった教育出版の阪口建吾氏には多大なご苦労をおかけしました。この場を借りて、厚くお礼を申し上げます。

　　2016年　秋

　　　　　　　　　　　　　　　　　　　　　　　　　　　　　　坪田　耕三

目　次

はじめに

① 手を動かせば仕組みが分かる
　　「正方形」の折り紙からサッカーボールをどう作る？ ………………………… 6　　DVD 1
② アートのような展開図
　　「トイレットペーパーの芯」の紙をはがすとどうなる？ ……………………… 8　　DVD 2
③ 2種の立体、似た展開図
　　展開図の数が多いのはどっち？ ………………………………………………… 10　　DVD 3
④ 計算しなくても半分に
　　面積を2等分する1本の直線はどこに？ ………………………………………… 12　　DVD 4
⑤ あっという間の「正十二面体」
　　正多面体は全部で何種類ある？ ………………………………………………… 14　　DVD 5
⑥ 封筒でクリスマスおもちゃ
　　3枚の封筒から、場面が次々にかわるおもちゃ作りはいかが？ ……………… 16　　DVD 6
⑦ 秘密がつまった三角定規
　　三角定規を使ってできる角度はいくつある？ ………………………………… 18　　DVD 7
⑧ 知恵の板、百変化
　　切り分けた9つのパーツをどう並べると「ハート」ができる？ ……………… 20　　DVD 8
⑨ ヒントは「へこみ」「出っ張り」
　　合同な形に2等分するにはどう切り分ける？ …………………………………… 22　　DVD 9
⑩ 意外に簡単、食い込む立方体
　　「ジグザグ立方体」はどんな展開図？ …………………………………………… 24　　DVD 10
⑪ ジオボード、答えは幾通りも
　　ア―イの輪ゴムが二等辺三角形になる釘はどれ？ …………………………… 26　　DVD 11
⑫ 「敷き詰め」の感覚、磨こう
　　5枚のカードをつなげると何種類の形ができる？ ……………………………… 28　　DVD 12
⑬ 正四面体からできるのは？
　　まずは封筒から正四面体をどう作る？ ………………………………………… 30　　DVD 13
⑭ ようじの数は？
　　数える式をどう立てる？ ………………………………………………………… 32　　DVD 14
⑮ ボタン糸、かけ方は？
　　すべてのかけ方を並べて眺めてみると？ ……………………………………… 34　　DVD 15
⑯ 紙テープは何枚？
　　切る枚数と切ってできる枚数の関係は？ ……………………………………… 36　　DVD 16
⑰ 輪飾りの秘密
　　輪飾りを半分の幅に切り離すと、どんな形になる？ ………………………… 38　　DVD 17
⑱ 立方体で作る立方体
　　立方数と平方数のふしぎな関係とは？ ………………………………………… 40　　DVD 18

⑲	点の数		
	○の数え方、あなたならどうする？	42	DVD19
⑳	面積マジック		
	あれっ！　面積がかわった？	44	DVD20
㉑	サイコロタワー、隠れた目の和は？		
	見ただけでわかる必殺技!?	46	DVD21
㉒	九九表		
	九九の隠し味、見つけられますか？	48	DVD22
㉓	ピザの切り分け		
	切る回数とピース数、どんな関係？	50	DVD23
㉔	対角線の長さ		
	直方体の対角線はどう測る？	52	DVD24
㉕	1枚の紙のはずが		
	ありえない？　ありうる？	54	DVD25
㉖	アルファベットパズル		
	各パーツをどう組み合わせる？	56	DVD26
㉗	「頂点つなぎ」と「辺つなぎ」		
	頂点つなぎで, 正方形の形を1つずつ増やしてできる形はいくつ？	58	DVD27
㉘	正八面体の展開図		
	正六面体の展開図と比較すると？	60	DVD28
㉙	ドンナ四角形ガアリマスカ		
	四角形は全部でいくつ？	62	DVD29
㉚	いろんな四角形作ろう		
	等しい面積の四角形を作るには？	64	DVD30
㉛	大小のカップで水を量ろう		
	6dLの水をとり出すには？	66	DVD31
㉜	5個の正方形、1個にできる？		
	どこをどのように切って, 並べ替える？	68	DVD32
㉝	正2分の5角形？		
	正多角形の内角の求め方は？	70	DVD33
㉞	形のパターン、立方体では？		
	同じ立方体5個の組み合わせ方は、何種類ある？	72	DVD34
㉟	折り紙、1回切っただけ		
	どのように折り、どこを切った？	74	DVD35
㊱	おでんマーク		
	10枚のカードの表すものは何？	76	DVD36
㊲	一筆書きできる？		
	行きつ戻りつして、無事通過？	78	DVD37
㊳	模様作りで対称の概念		
	この模様、どう作る？	80	DVD38

① 手を動かせば仕組みが分かる

「正方形」の折り紙から サッカーボールをどう作る？

➡ 手先を使うと脳の働きがよくなると言われますが、手を動かせば「算数力」も伸びるというのが、私の持論。
➡ 「正方形」の折り紙から「正三角形」が作れますか？

　「正方形」の折り紙から「正三角形」が作れますか？

　小３の一部の教科書に載っています。縦半分に折って開き、右下の角をその中心線に合わせて折り、もう一度折り返して開く（図１左）。左下角も同様に折って開く（図１右）。すると、折り目で底辺と左右の斜辺が等しくなる。つまり、「正三角形」ができます。正三角形部分を切り取り、それを20枚作ってください。様々な色だときれいですよ。

　今度は、その正三角形を中心の点に三つの頂点が集まるように折ります。すると「正六角形」に変身（図２）。20枚とも同様に折ったら、２枚ずつテープでつなぎ（図３）、10セットできたら、図４のように互い違いに並べてまたつないでください。矢印で結んだ辺も起こしながらつなぐと……、正五角形の穴が開いた「サッカーボール」が完成！

仕組みを観察してみましょう。

　正六角形が20個あります。正五角形の穴は全部で12個。20個の正三角形でできた立体（正20面体）の頂点部分を切り取った形だと分かりますか？

　５個の正三角形が集まった頂点を切り落とすから正五角形の穴があく。こんな形を、隅を切り取るので「切隅20面体」などと呼びます。

　仕組みが分かれば、サッカーボールに縫い目が何本あるか、なんて問題も解けますね。辺の数を求めればいい。立体は面と面がつながって１本の辺ができています。正六角形の辺は６×20＝120（本）。正五角形の辺は５×12＝60（本）。合わせて、120＋60＝180（本）。２本が合って立体の辺１本になるので180÷２＝90（本）と求められます。

　自分で作ることで、仕組みがわかり、ボールを見る目も変わりますよ。

手先を使うと脳の働きがよくなると言われますが、手を動かせば「算数力」も伸びるというのが、私の持論。

さあ、切ってはって、手を動かす算数をご紹介しますので、自分でもやってみましょう。

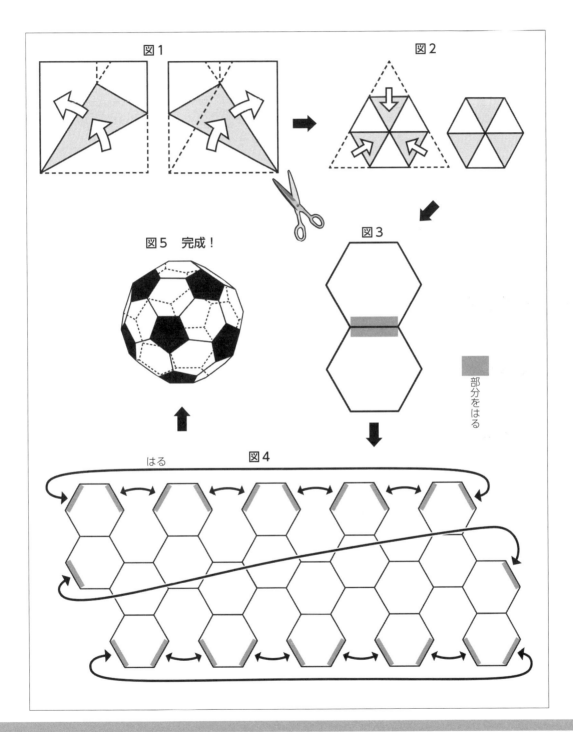

② アートのような展開図

「トイレットペーパーの芯」の紙をはがすとどうなる？

→ まずは、芯の周りにある線に沿ってはがしてみましょう。
→ 次は、自由な形に切りながらはがしてみましょう。

　毎日お世話になっている「トイレットペーパーの芯」をじっくり眺めてみたことがありますか？　よく観察してみましょう。円筒形ですね。茶筒のような形ですが、上下の面がありません。この形はどのようにして作ったのでしょうか。

　だれでも想像できそうですね。きっと「長方形」の紙をぐるっと丸めて「円筒形」にしたのだろうと。もちろん、そうして作ることはできます。しかし、実際のトイレットペーパーの芯をよく見てください。意外なところに線があることに気づきませんか。

　芯の周りに螺旋形の線があるのでは？これは一体何なのでしょう。

　興味がある人は、この螺旋に沿って、のりしろをゆっくりとはがしてみてください。どんな形ができるでしょう。

　びっくり！　なんと「平行四辺形」ができました（図1）。

　トイレットペーパーを作っているある会社に尋ねたところ、そこでは物干しざおのような長い芯棒に、幅8センチ程度のはちまきのような細長い紙を2本、ぐるぐると巻きつけていき、それをトイレットペーパーの幅に輪切りにしているそうです。そうすると丈夫になるとか。

　これに似たものでは、一般に学校で学習する「円柱」があります。円柱の展開図は、2つの底面の円と、側面の長方形でできています。

　しかし、円柱の側面は「曲面」なので、面のところを最も短い直線で切って広げます。それが長方形になっています。この最短の直線を「母線」といいます。

　この曲面を切る方法を母線ではなく、どんな切り方をしてもよいという条件にしてみましょう。すると、先の平行四辺形もできますね。

　もっと自由に切ってみましょう。する

と、もっと愉快な形が登場しますよ。

　ちなみに、これから先生をめざしている大学生に挑戦してもらったら、わずかな時間でとても愉快な形を作ってくれました（図2～4）。なんだか、美術作品のようですね。皆さんも挑戦してください。

　ゆとりがあれば、円筒ではなく、立方体のような平面で囲まれた立体でも、面を切って広げたら、想像を絶する展開図ができますよ。「面切り展開図」とでもいいましょうか。

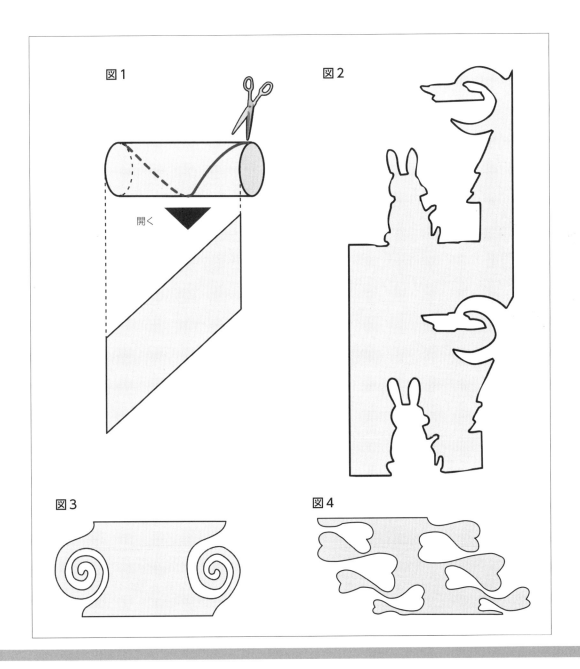

③ 2種の立体、似た展開図

展開図の数が多いのはどっち？

➡「ふたなしの立方体」と「ピラミッド」では、どちらの展開図がたくさんできる？
➡やってみれば新しい発見が…。

　サイコロの上だけがないような形を想像してください。いわば「ふたなしの立方体」（図1）ですね。この箱を厚紙で作ろうと思いますが、どんな展開図を考えればいいでしょう。きっとたくさんの展開図が思い浮かぶのではないでしょうか。

　では、もう一つ。「ピラミッド」の形（図3）を想像してみてください。これも厚紙で作ります。どんな展開図が考えられますか。

　さて、ここで問題です。「ふたなしの立方体」と「ピラミッド」では、どちらの展開図がたくさんできるでしょうか。

　試行錯誤して考えてみましょう。

　まずは、両方の展開図を5個ずつ作ってみます。図2や図4のように、一つ一つにニックネームをつけておきましょう。どうですか。この段階で何か気づきませんか。

　2つは違う立体なのに、展開図は似ているものがありますね。例えば「十字形」と「手裏剣」。底面の周りに四つの側面がついています。「Tの字」と「イカ」も似ています。底面の上に三つの側面があって、下に一つの側面があります。

　こう考えると、もしかしてこの2つの立体の展開図は、1対1で対応させられるのではないでしょうか。「予期せぬ関係」が見えてきました。このように関係付けられるならば、一方が決まれば、他方も決まるということになります。

　実は、この二つ、展開図の種類は、同じ数になるのです。算数では普通、裏返しや回転させた形は1種類として数えます。そう考えると、全部で8種類できます。

　なぜ、数が同じになるのか理由が言えますか？

　ピラミッドの上部を切ってください。下部は四角い箱になりますね。ふたがあ

れば「四角錐台」という形です。ふたなしの立方体の先をすぼめると、ふたなしの四角錐台になります。だから同じ数の展開図が作れるのです。

底面の形は同じで、片方は上があいていて、片方は上がすぼんでいる立体。違う立体の展開図から「予期せぬ関係」が見いだされる。まさに、図形を見る目が豊かになったということです。残りの展開図も見つけてみましょう。

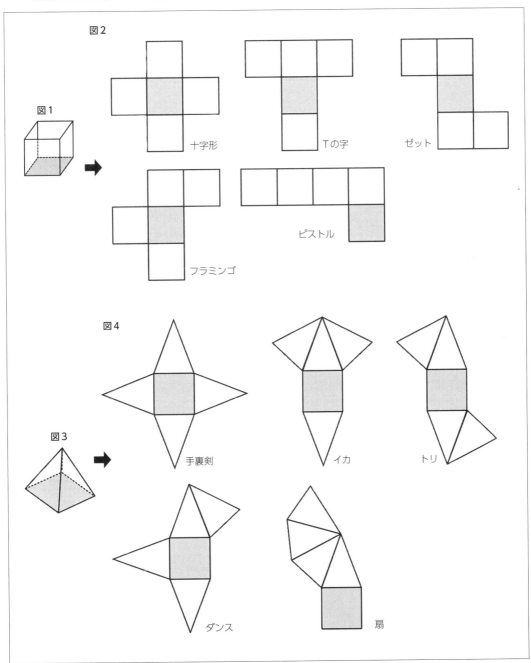

④ 計算しなくても半分に

面積を2等分する1本の直線はどこに？

→長方形を2等分するには、中心の点を通る直線を引きます。
→答えはいろいろです。

　図1のようなL字形の土地があります。面積を2等分するように、1本の直線を引きたいのですが、どのように引いたらいいでしょう。

　まずは、計算しない方法を考えてみましょう。長方形を2等分する場合なら、中心の点を通る直線を考えればいいですね（図2）。このことを応用してみます。

　L字形は2つの長方形の組み合わせでできていますから、まず二つの長方形の中心点を取ります。その2つの中心点を通る直線を引けば、2つとも2等分されるので、全体も2等分されていることになりますね。

　図3①は、左右の長方形を2等分したもの。図3②は、上下の長方形を2等分したもの。図3③は、大きな長方形を2等分したものから、小さい長方形の2等分を引いたもの。これでも2等分になるんですね。

　他に方法はないでしょうか。発想が豊かな子は、L字形の上の部分の2メートル×4メートルの長方形分を、どこかに移動させて、2等分する方法を考えました。図4①は、右端に2メートル×4メートルの長方形の1個分を作りました。残った長方形に対角線を入れれば、全体も2等分されますね。図4②は、図4①の長方形の左右に、さらに2メートル×4メートルの長方形を作り、同じ面積を減らします。残った長方形に対角線を入れればこれも2等分。相殺する考えです。

　もちろん、全体の面積を計算して2等分する方法もあります。様々な求め方がありますが、一例として左右に割ると、6×4＋4×5＝44（平方メートル）となりますね。だから22平方メートルになるように分ければいい。

　例えば、下から22平方メートルの長方形を作ってみましょう（図5）。横9メー

トルなので縦は$\frac{22}{9}$メートルとなりますね。
もう一つ、右から22平方メートルの台形も作ってみます。台形の面積は、（上底＋下底）×高さ÷2、ですから、上底が5メートル、高さが4メートルであれば、下底の長さは6メートルにして、そこに直線を引けばいいのです。

土地を2等分する1本の直線の引き方は1通りではありません。算数の答えも多様に考えられるようになるといいですね。柔軟な思考が身につきます。

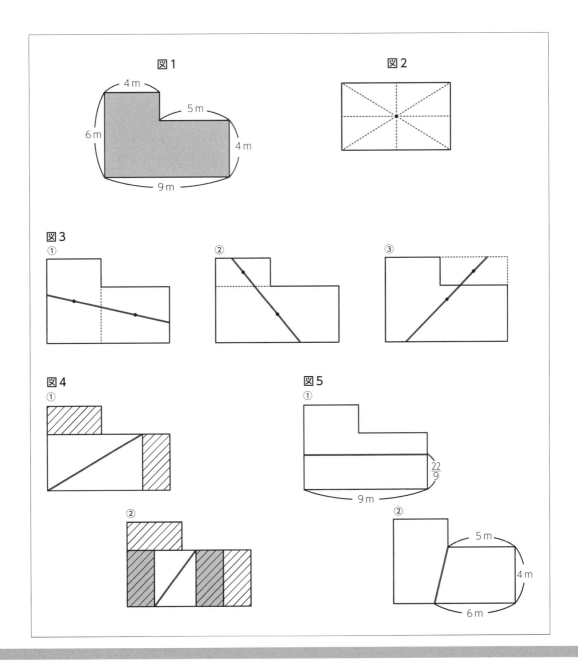

⑤ あっという間の「正十二面体」

正多面体は全部で何種類ある？

- 正多面体とは,「正多角形」だけで囲まれた立体です。
- 工作用紙と輪ゴム1本で…。

　正多面体──正三角形や正五角形など、1辺の長さがすべて同じ「正多角形」だけで囲まれた立体です。全部で何種類あるかわかりますか？

　正三角形で囲まれた立体は、図1の3種類です。囲む正三角形の面の数は、正四面体が4個、正八面体が8個、正二十面体が20個です。正方形（正四角形）で囲まれるのは正六面体（立方体）。サイコロの形ですね。正五角形12個で囲まれるのは正十二面体です。

　その次は正六角形で囲まれる立体だろう、と考えますね。でも、正六角形をつなげた図をイメージしてください。正六角形の1つの角は120度。一つの頂点にあと2個くっつくと360度で平面になってしまいます。

　立体になるには、一つの頂点に3個以上がくっついて360度未満になる必要があります。でも、正六角形以上は3個で

360度以上になってしまいます。だから、正多面体は先に挙げた5種類しかないのです。作って確認してみてください。

　とはいえ、正十二面体なんて難しくてなかなか作れないでしょう。そこで、手品のように、組み立てる方法をお教えしましょう。工作用紙を用意して、正五角形を一つ丁寧に作ります。これを型紙にし、1個の正五角形の周りを取り囲むように5個の同じ正五角形をくっつけて描きます。花びら形になりますね。これを2組作り、切り取ります。2組とも、正五角形のつなぎ目部分を軽く折って折り癖を付けておきます。次に、この2組を重ね、図2のように角が互い違いになるようにずらします。

　続いて、出っ張っている正五角形の角の部分に、表裏、表裏……と交互になるように、1本の輪ゴムをひっかけていきます。外れやすいのでセロハンテープで

貼っていくとやりやすいでしょう。全部ひっかけたら、押さえていた手を離してみてください。「あっ」という間に飛び上がって、正十二面体が登場！

この方法は、イギリスの数学者コクセターの『幾何学入門』第2版（1965年）に載っています。古くから手を使った数学を楽しむ学者もいたのです。

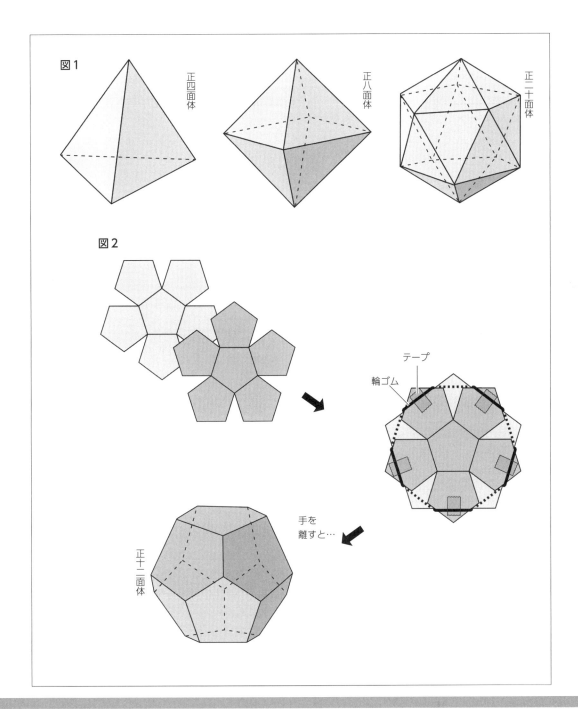

⑥ 封筒でクリスマスおもちゃ

3枚の封筒から、場面が次々にかわる おもちゃ作りはいかが？

➡ 1枚の封筒を折って四面体を2個作ります。
➡ 6個の四面体を輪にすると、くるくる回ります。

　12月24日はクリスマスイブ。パーティーの準備は進んでいますか？　今日は、クリスマスの飾りにもなる、算数の楽しいおもちゃの作り方をご紹介します。

　縦長の封筒3枚と、セロハンテープを準備してください。

　初めに、封筒から三角形4個で囲まれた「四面体」を作ります。

　前回ご紹介した「正四面体」は正三角形4個で囲まれた立体でしたね。でも今回は、封筒によって、正三角形ではなく二等辺三角形になります。今回はむしろ正三角形でない方がよいので、ただの「四面体」とします。

　まず、封筒1枚から、四面体を2個、切らずに作ります。「えっ、そんなことできるの？」と思うでしょ。それが、できるんです。

　封筒の上のふたを閉じて、これを上下半分に折ります。一度開いて、今度は、図1のような対角線が付くように2回折ります。折り線部分は、山折り、谷折り、どちらにもなるように、何度か折って折り癖を付けておくといいでしょう。

　折り目をしっかりつけたら、図2のように、封筒の左右の真ん中を内側にへこませるように横から押さえます。どうです？　四面体が2個つながった形になったでしょ。同じように、あと2つ作り、四面体の形を整え、封筒の封をします。

　出来上がった3つで輪を作るように、封筒の端と端をセロハンテープでつなぎます。四面体が6個の輪ができました（図3）。これで完成です。

　これでどこが「おもちゃ」なのかと思うでしょう？　では、輪の内側に四面体を押し込むように入れてみてください。つながった四面体がくるくる回り、次から次へと、別の面が登場します。クリスマスの絵や色をそれぞれの面に描いておけ

ば、万華鏡のようですね。

　絵を描いて、飾って、遊んで終わり、ではなく、遊びながらよく見てみてください。何回回転させると元の面に戻るでしょう。

　4回です。なぜ、4回なんでしょうね。それは、四面体の各面が出るからです。

　クリスマスまでに作れなければ、お正月休みに家族で一緒に作って、「春夏秋冬」の絵を描いてみてはどうでしょう。何の絵にするか。植物？　食べ物？　行事？　こんな遊びからも、忘れ去られつつある四季の季節感が味わえるかもしれません。

　ちなみに、この立体は「カライドサイクル」と呼びます。意味は「美しい形の輪」。ぜひ、挑戦してみてください。

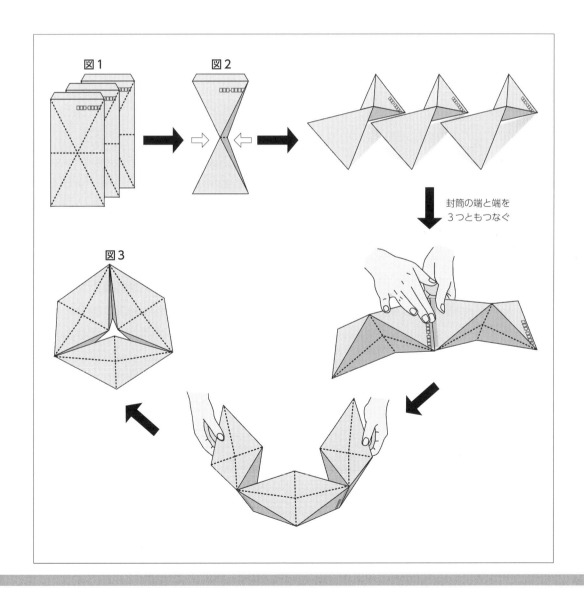

7 秘密がつまった三角定規

三角定規を使ってできる角度はいくつある？

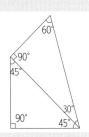

➡ 1枚の折り紙で直角三角形と二等辺三角形を自作することで、三角定規の秘密が分かってきます。

　まず、三角定規を自作してみましょう。図1のように、正方形の紙を折っていきます。すると左半分に定規と同じ「直角三角形」が、上を切って右半分を折り返せばもう一つの「直角二等辺三角形」ができます。

　このペアの三角定規ができたら、いよいよ「秘密」を探しましょう。

　まず角度から。

　二つの三角定規の角の角度を小さい方から調べましょう。30度、45度、60度、□度、90度です。

　わざと□を入れました。ここに入るのは？

　75度。もしも、75度が二つの三角定規で作れれば、15度ずつ増える角度ができそうですね。

　30度と45度の二つの角を合わせてみると、75度ができました。

　60度と45度で105度。90度と30度で120度。90度と45度で135度。90度と60度で150度。

　合わせるだけでは15度と165度はできませんね。試行錯誤してみると……、15度は30度と45度の角を重ねれば、45−30＝15。

　では165度は？

　二つの三角定規の90度の角を合わせて重ねると、図2のように重なった部分に、四角形ができました。四角形の内角の和は360度ですから、360度から3つの角度の和を引けば、もう一つの角度が165度。

　このように、三角定規で遊んでみると、倍数にも図形の角度にも、強くなりますねえ。

　次は、高さです。

　2つの三角定規の長い辺を下にして、重ねてください。同じ高さなのです。実は、これはあまり知られていません。なぜでしょう。図3を見て考えてください。

算数の勉強中なのに、三角定規で遊んでいる子がいます。

そんな時は叱らないで、こんな「秘密」を見つけるヒントをあげてはどうでしょう。算数嫌いが解消するかもしれませんよ。

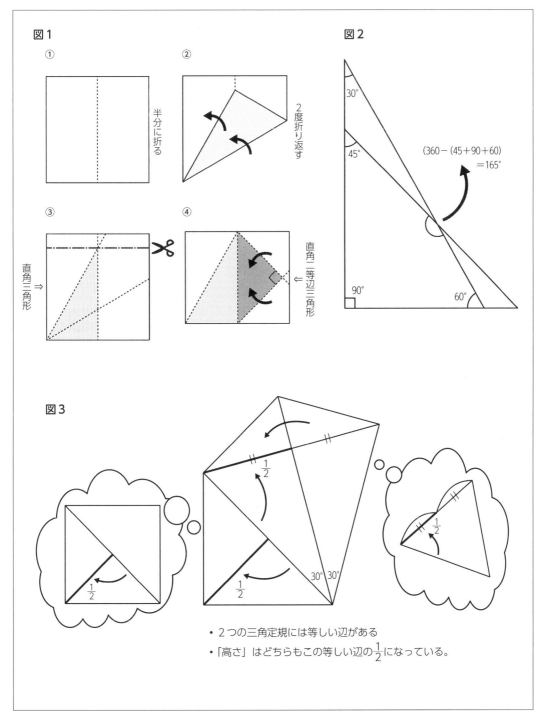

- 2つの三角定規には等しい辺がある
- 「高さ」はどちらもこの等しい辺の$\frac{1}{2}$になっている。

⑧ 知恵の板、百変化

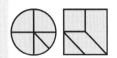

切り分けた9つのパーツを どう並べると「ハート」ができる？

➡各パーツをいろいろな角度から眺め、並べ替えてみます。
➡平行四辺形の裏返しがポイントになることがあります。

　今回は、面白パズルを紹介しましょう。いろんな平面図形を幾つかのパーツに切り、それを使って別の形に並べ替える「知恵の板」。まずは、円と正方形で考えましょう。

　図1のように、円を4等分し、さらにそのうちの1個を2等分します。全部で5個になりますね。

　正方形は、図2のように、正方形と台形、平行四辺形、直角二等辺三角形の4個に切り分けます。全部で9個となりました。

　さて、このすべてのパーツを使って「ハート」の形を作れますか？　小学3年生ぐらいなら、5分で作ります。

　出来上がり（図3）をよく見れば、ハート形は、正方形と半円2個でできていると分かります。

　これを見つけた人は、以後、ずっとハート形の中に切れ目の線が見えてくるようになります。ちなみに、このハートパズルの名前は「ブロークンハート」。壊れたハート？　それとも失恋？　おもしろい名です。

　この9ピースで、ある子は「鳥」（図4）を作りました。平行四辺形の置き方がポイントです。

　もう一つ、「タングラム」をご紹介しましょう。世界的に有名なパズルで、正方形を7個に切り分けたものです（図5）。この7ピースで、「サッカー選手」を作れますか？　図6が答えです。

　ほかにもいろんな形ができます。例えば、「凸多角形」。「凸多角形」とは、へこんだところのない多角形で、辺を延長させても、図形の中に線が入らない形です。凸多角形も、この7ピースで13種類が作れます。三角形（1種類）、四角形（6種類）、五角形（2種類）、六角形（4種類）。例えば、六角形なら図7のよ

うな家の形ができます。

　こうした平面のパズルには、卵形や円、三角などいろいろあります。タングラムならぬ「ロングラム」という、ながーい長方形のものもあります。江戸時代にはタングラムに似た「清少納言智恵の板」というものもありました。

　興味のある人は、どんなものがあるか調べて、作ってみてはどうでしょうか。

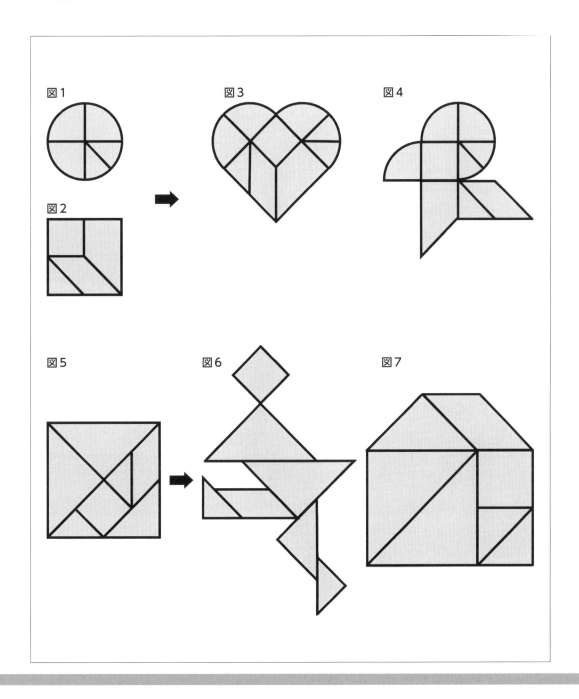

⑨ ヒントは「へこみ」「出っ張り」

合同な形に2等分するにはどう切り分ける？

→合同な図形とは、形も大きさも全く同じ形を言います。

「合同な形」という言葉をよく算数では使います。形も大きさも全く同じで、重ねればぴったり重なる形を言います。直線で描かれた図形なら、対応する辺の長さも、角の大きさも等しい形です。これを頭に入れて、次の問題を考えてみましょう。

上のア〜エのような図形があります。それぞれを合同な形に2等分してみます。さて、どのように切り分ければいいでしょうか。

ちょっと難しいですか？　ヒントを出しましょう。裏返しても回しても、同じ形は合同ですから、そこに注意してください。

こういう問題はパズルでよく遊んでいて、図形感覚の鋭い子は、考えなくても直感で線が浮かびます。でも、気づかない人は、角の形に注目しましょう。例えば、アなら90度にへこんだ部分がありますね。でも、ほかの角にへこんだ部分はない。そうなると、どこかにへこんだ部分を作るか、へこんだ部分を切り分けるなどの作業が必要になります。こういう所からヒントを得るのです。

イのような問題なら、左下の出っ張り部分ですね。マス目を数えて、マス目の数が同じになるように考えるのも一つの方法ですね。

イとウは、一見似ていますが、二つに分けるとなると、なかなか同じようにはいきません。エは、辺の長さに注目するのも手かもしれませんね。

答えが出て、その形が正しいか確かめる時には、あえて切って重ねてみるといいでしょう。この作業が、問題を作ることや図形感覚を磨くことにつながります。

「自分で問題を作る？　そんな難しいことはできない」と思うかもしれません。でも、意外に問題を作る方が簡単なので

す。一つの形を2枚切り取り、それを回転させたり裏返したりして、くっつけて、一つの図形として描けばいいのです。

難しい問題を作ろうと思えば思うほど、頭を使わなければなりません。やってみたら、やめられなくなるかもしれません。

問題を解くばかりでなく、作ることで算数力を鍛える。私が副校長をしていた筑波大付属小学校でもよくやっていました。ご家庭でもやってみてください。

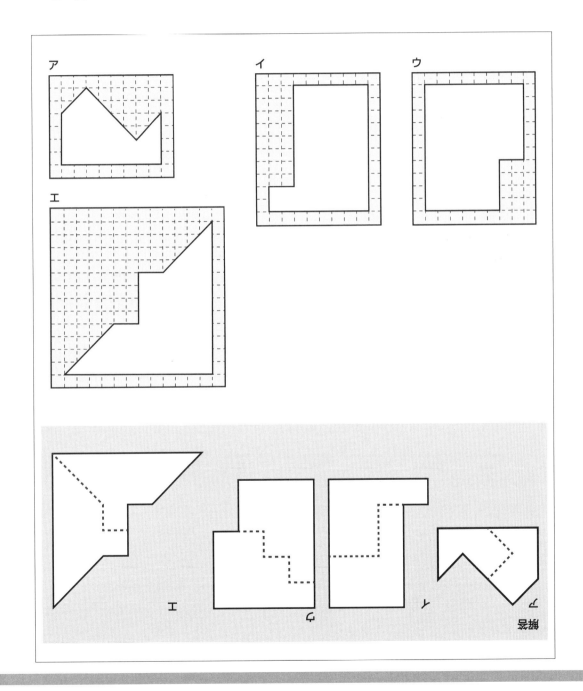

⑩ 意外に簡単、食い込む立方体

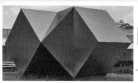

「ジグザグ立方体」はどんな展開図？

堀内正和「ジグザグ立方体」
(1974年、栃木県立美術館所蔵)

→面の部分を折る方法で作るところがポイント。
→順に並べると体積の増え方の決まりがみえてきます。

　日本の抽象彫刻の先駆者ともいわれる堀内正和さんの作品に「ジグザグ立方体」があります。立方体3個が組み合わさったような立体です。今回は、これを作ってみようと思います。

　こんな難しい立体は、きっと作るのが難しいと思うでしょう。でも、意外なことに、ずいぶん簡単な展開図からできるのです。図1を見てください。このように、正方形を横に4個くっつけて、縦3段にずらして並べます。実線部分は山折り、点線部分は谷折りにします。折り目をしっかりつけて、折ってみてください。どうですか？　できたでしょう。ちょっとびっくりしますね。

　さて、これができたら、もっと立方体がつながったような形を作りたいと思いませんか。では、どうしたらいいでしょう。みなさんなら、どうしますか？

　階段状の展開図をもっと上につなぎますか？　それとも、もっと横に長くしますか？　ほかの考えもあるかもしれませんが、とりあえず、この二つをやってみます。

　図2のように、上にもう一段くっつけて折っていくと……、あれ、くっつきませんね。

　図3のように、正方形を横4個ではなく、5個にするとどうでしょう。できました。実際にやってみると、横に長くしていく方法ならできるとわかりますね。

　それなら、立方体が2個食い込んだ形にするにはどうすればいいでしょうか。わかりますね。もっと短くすればいいのです(図4)。

　さらに、別の視点から考察してみましょう。この立体の「体積」はどうなっているのでしょう。

　1個の立方体の体積を1として考えてみます。2個以上は食い込んだ部分の体

積を引き算します。結果は以下のようになります。

　立方体1個→1

　立方体2個→$\frac{5}{3}$

　立方体3個→$\frac{7}{3}$

　立方体4個→$\frac{9}{3}=3$

ここで決まりがわかりますか？　立方体が1個増えると体積も$\frac{2}{3}$ずつ増えることが分かります。そして、4個の状態できちんとした立方体3個分になる。

　つまり、1個分減るということです。

おもしろいと思った人は、探求心のある人です。公園などの彫刻も、様々な視点で考察する目を持つと、思考が広がりますよ。

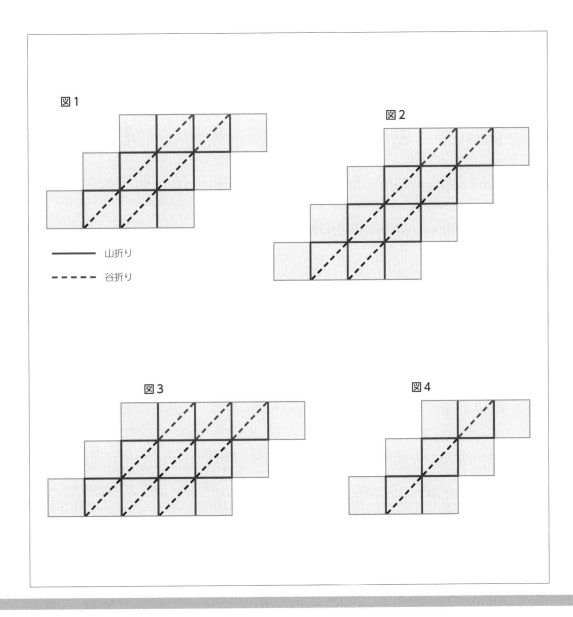

⑪ ジオボード、答えは幾通りも

ア―イの輪ゴムが二等辺三角形になる釘はどれ？

➡ 答えは１つではありません。
➡ 同じ半径の円周上の点を探してみましょう。

　「ジオメトリーボード」、略して「ジオボード」。ご存じでしょうか。

　板に釘が打ってあって、その釘に輪ゴムをひっかけて図形を作る教具です。いろいろな釘の打ち方がありますが、今回は、格子状に打ったものを使って考えてみましょう。

　格子点の釘は、図１のように「７×７」本あります。アとイに輪ゴムをひっかけます。この輪ゴムを別のもう１本の釘にひっかければ、三角形ができますね。これが二等辺三角形になるようにするには、さてどの釘にひっかければいいでしょうか。答えは一つではありませんよ。

　いろいろ挑戦してみると、答えは図２のような９点になります。ここで、良く見てください。

　図３のように、イを中心点として、イアを半径とした円周上に答えの２点が並びます。また、アを中心点として、アイを半径とした円を描くと、円周上に答えの４点が並びます。そして、残った３点は、直線アイの垂直二等分線上に並びます。

　円周上にある点を取った場合は、アイは、二等辺三角形の底辺ではなく等辺の一つになります。

　一方で、垂直二等分線上に並ぶ点を取った場合は、アイは、二等辺三角形の底辺になります。

　アイをどの辺と見るかで、違う答えが見えますね。

　答えを試行錯誤しながら探すのも手ですが、見方を整理して探していくのも、大切な方法です。

　では、ジオボードをもっと大きくして格子点の数を増やしたらどうなるでしょうか。アやイを中心点とする円の円周上の格子点が、ジオボード上にもっとたくさんできるので、答えも増えます。

また、アイの長さを長くしたり、角度を変えたりするとまた違う二等辺三角形が作れます。

板に物さしと鉛筆で格子を描き、釘を打てば簡単に手作りできるのがジオボードです。ぜひ、作ってみて、図形感覚を養ってください。

格子ではなく、円形に釘を打ったり、たくさんの正三角形をつなげてその頂点に釘を打ったりするジオボードもあります。独自のジオボードを作ってみるのも楽しいかもしれませんね。

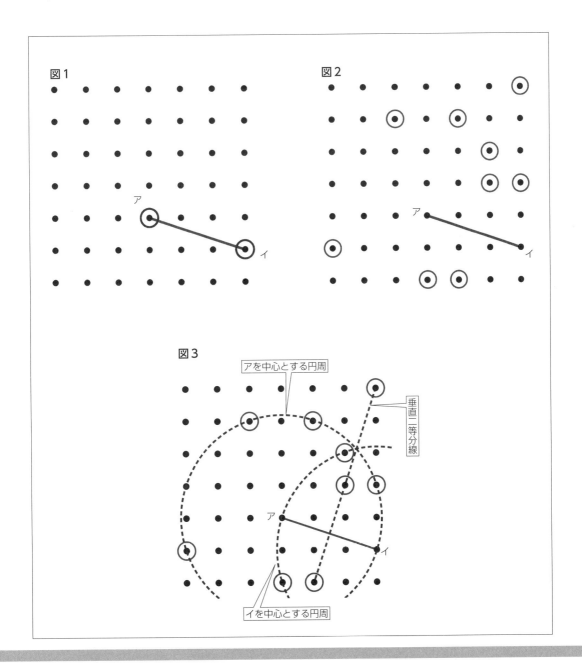

⑫ 「敷き詰め」の感覚、磨こう

5枚のカードをつなげると何種類の形ができる？

➡辺同士をぴったりくっつけてつくります。
➡枚数を変えてやってみましょう。

　正方形を1〜5個つなげて、いろんな形を作りたいと思います。ただし、辺と辺をぴったりくっつけます。辺同士がずれたり、頂点だけをくっつけたりしてはダメです。この条件で、どんな形が何種類できるでしょう。順番に個数を増やして考えてください。ただし、裏返すと同じ形になるものは1種類とします。

　1個は、1種類ですね。この形を「モノミノ」と呼びます。

　2個も1種類。これを「ドミノ」。

　3個なら「トロミノ」、4個なら「テトロミノ」、5個なら「ペントミノ」……。

　総称して「ポリオミノ」と呼びます。名付け親は、アメリカの数学者、ソロモン・ゴロムさんです。

　3個は何種類できました？

　2種類ですね。

　4個は5種類。

　ここまでは簡単ですが、5個は難しいですよ。何と12種類！（図1）。

　さて、次に「ペントミノ」を使って大きな正方形を作ってみましょう。

　どう考えますか？

　正方形ですからマスが4×4、5×5、6×6……と並ぶはず。ペントミノは5マスですから、全体のマスが5の倍数でなければできません。となると、5×5はできますが、4×4＝16、6×6＝36はできませんねえ。でも、どちらもどこかに1マス分、穴を開ければできそうです（図2）。

　さらにおもしろい問題を紹介しましょう。12種類のペントミノのうち、どれか一つを3倍に拡大した形を、残り11のうち九つ使って作るのです。

　頭だけで考えていた人も、実際に形を切り抜き、あれこれ動かしてみた方が早いのでは？

こうして遊ぶうちに、算数問題によく出る「敷き詰め」の感覚も磨けます。また、なぜこれはできて、これはできないのか、と考えるうち、筋道立てた考え方を身に付けられます。厚紙とはさみとテープさえあればできますし、幼児から大人までできます。まさに「切ってはって算数力！」です。

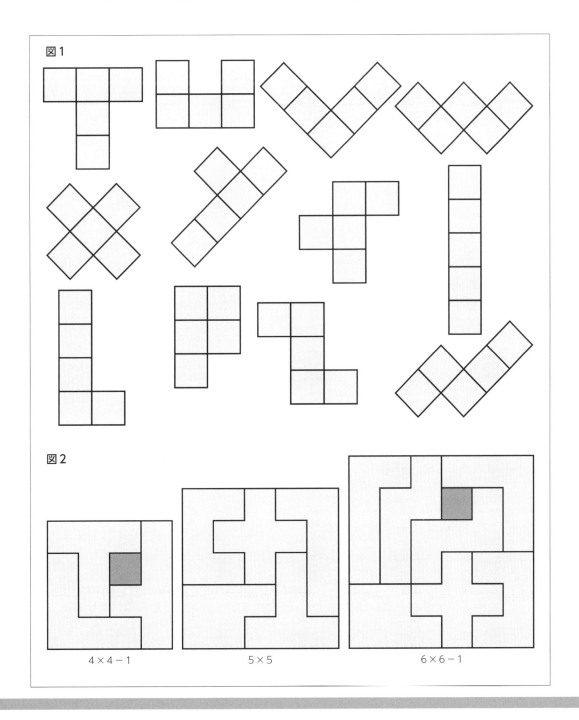

図1

図2

4×4−1　　　5×5　　　6×6−1

⑬ 正四面体からできるのは？

まずは封筒から正四面体をどう作る？

➡ 正方形の紙を折って正三角形を作るやり方の応用です。
➡ そこからさらに正四面体を。

　正方形の紙を折って正三角形を作り出す方法を、①でご紹介しましたが、今回は縦長の封筒でやってみます。封筒の底を下にして、まず図1のように、縦半分に折り目をつけます。右下の角をその折り目に合わせて1回折り、そのままもう1回折ります。一度開き、同じように左下の角も折ります。

　真ん中に正三角形の折り目ができました。上の余った部分は切り取ります。

　さて、ここで問題。正三角形は1個だけですか？　裏側にも1個、左右にも1個ずつ逆正三角形ができていますね。一見すると左右は半分ですが、封筒の紙は表と裏が続いているためできるのです。これで、計4個の正三角形ができました。

　この封筒を膨らませると、どんな形ができるでしょうか。正三角形が4個、つまり正四面体が登場します（図2）。

　開いている部分をテープでつなげば出来上がりです。

　もう一つ問題です。

　正四面体を、四つの角を切り落とすように各辺の中点を通る平面で切ったとします。どんな立体が登場するでしょうか。想像してみてください。

　難しいので、先ほど作った封筒の正四面体を切って、考えてみましょう。問題の通り、ぴったり中点で切ってしまうとバラバラになってしまいますから、中点部分でつながるように2、3ミリ残して切りましょう。

　穴があいている部分にも面があると考えると、なんと正八面体になります！（図3）　驚きませんか。ちなみに正八面体は上下の向きでピラミッド（四角錐）がくっついている形とみることができます。

　正四面体を切ると、ほかにもいろんな形ができます。市販のパズルもあります

が、手先を使って作ることは能力も伸ばし、お年寄りには老化予防にもなります。お菓子箱でも何でも、一つの立体を切ったり、組み合わせたりして、楽しんでみてください。

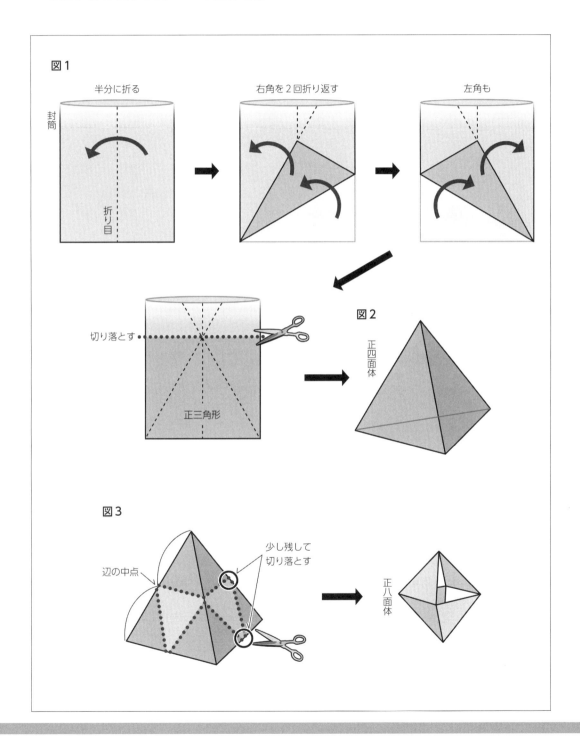

⑭ ようじの数は？

数える式をどう立てる？

➡ 同じ図でも見方を変えるといろいろ思いつきます。

楊枝を、図1のように並べました。さて、何本使っているでしょう。

あなたはどのように数えますか？ 私の教え子は、4通り考えて、次の式で表しました。どう数えたかわかりますか。

(1) 6×6＝36
(2) 4×9＝36
(3) 9×4＝36
(4) 4＋12＋20＝36

(1) は、6本の固まりが6個ですね。図2のようにジグザグの斜めの形が見えれば解決です。

でもこんな見方もあります。楊枝の真ん中に●をつけてください（図3）。どうです。●が6×6に並んでいるように見えませんか。同じ式でも考え方は違います。

次は (2)。4×9ですから4本の固まりを9個見つけます。図4のように色がついた正方形が9個見えれば、一つの正方形には4本の楊枝がありますから、4×9と式にできます。

(3) は、9本の固まりが4個。さて、9本はどこでしょう。図5を見てください。横向きの楊枝の数は、上半分は（1＋3＋5＝9）、下半分は（5＋3＋1＝9）。縦も同じように見れば、左半分は（1＋3＋5＝9）、右半分は（5＋3＋1＝9）。ですから、9×4となるわけです。

最後の (4) は、たし算ですね。これは難しい。図6のように真ん中の正方形の4本、次にその外側の楊枝3本のコの字形、さらに外側の楊枝5本のジグザグと見なせば、（4×1）＋（3×4）＋（5×4）で、4＋12＋20です。

一つの図の数え方も多様ですね。
拡大したら？
立体だったら？
どんな方法が使えるか探ると面白い。

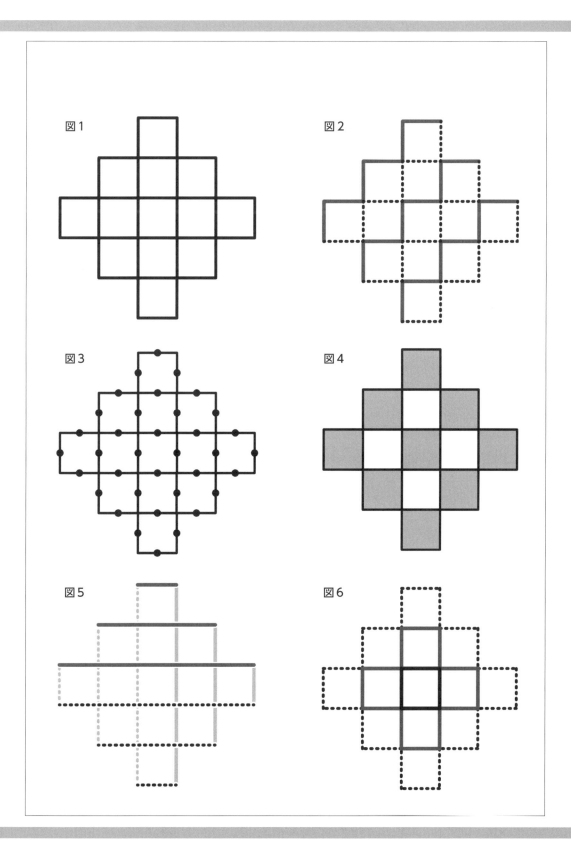

⑮ ボタン糸、かけ方は？

 すべてのかけ方を並べて眺めてみると？

➡図の中の見えない線も見えてきます。
➡ペアになる図も見つけられます。

　四つ穴のボタンをつける時、どんな縫い方があるか考えたことはありますか？

　最初の穴から次の穴にかけた糸を1本の線と考えます。さて、何種類のかけ方があるでしょう。

　まず、線が1本の場合。図1のように2種類のかけ方ができますね。

　線が2本の時はどうでしょう。試行錯誤すると、4種類のかけ方があると気づきます。では3本は？　4本は？

　こうしてだんだん線の数を増やしていくと、最も多い6本までで図2のような種類がそろいました。

　さて、図2を見て何か気づきませんか。全部の穴をつなぐと線は6本。そこから1本欠けたものが5本です。では、5本の場合と1本の場合をよく見てください。5本の時の欠けている線が、1本の時の線になっています。1本と5本はペアなんですね。

　では、4本の相手は？　2本です。
　6本の相手は？　0本。
　おや、3本は相手がありません。

　少し見方を変えましょう。3本の中に対になる相手がありませんか。二つずつペアになって……、「N型」だけ相手がいない。でもこれは、欠けている部分に線を引いて、回転させれば一目瞭然。自分自身が相手なのです。

　図形の中の見えない線を見いだす力は、算数の問題解決の大事な力です。相手になるものをよく見れば、それがヒントに。ボタンつけもお母さんがさっとやってしまわず、子どもにどんなつけ方があるかを尋ねると、斬新なボタンつけになるかもしれませんよ。

図1　糸のかけ方（1本の場合）

2種類

図2　糸の数

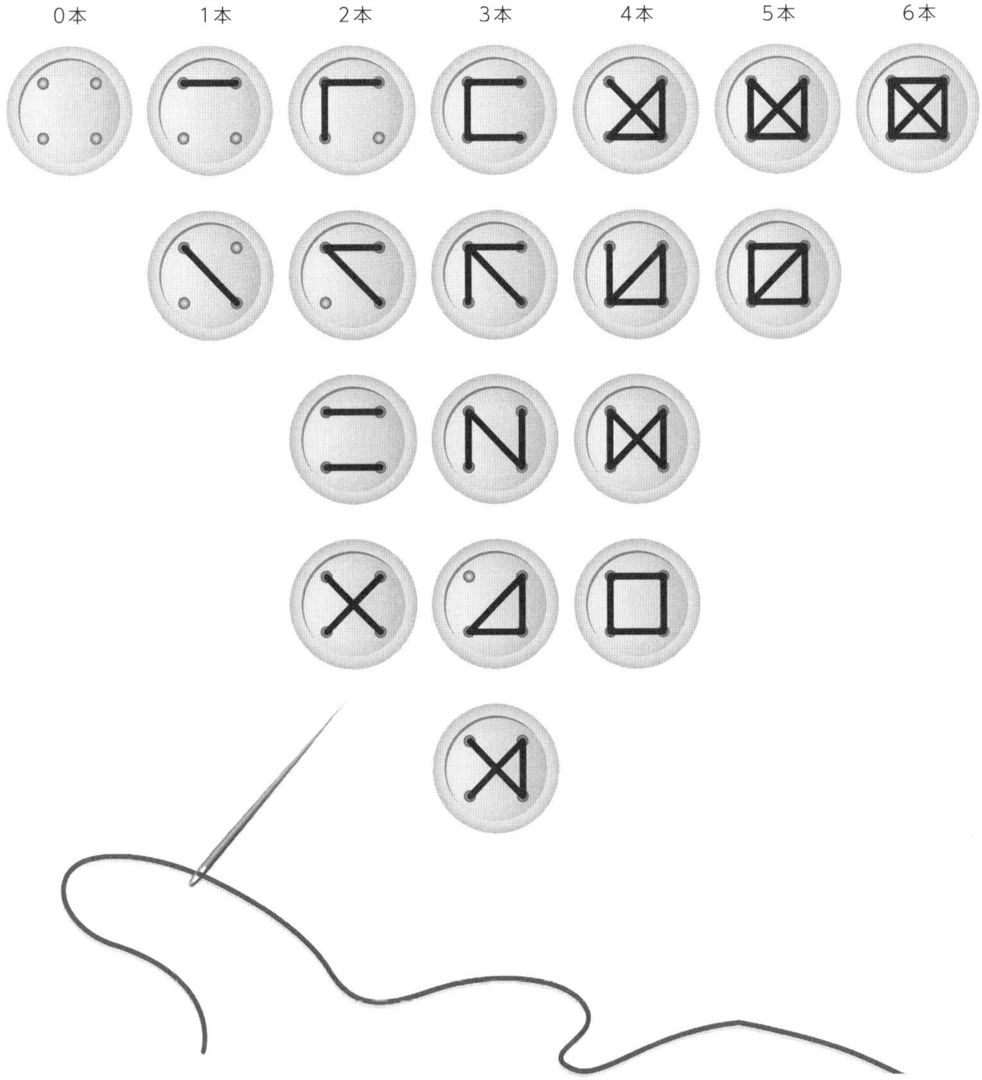

0本　　1本　　2本　　3本　　4本　　5本　　6本

35

⑯ 紙テープは何枚？

切る枚数と切ってできる枚数の関係は？

➡ 植木算と同じ考え方をします。

　長方形の紙を、細長い紙テープのように4等分します。

　1枚のテープを長さが半分になるように二つ折りし、真ん中で切ると、テープは何枚になりますか？

　まず、頭で考えます。簡単ですね。3枚です。短いのが2枚、折り目のつながった側にできた長いのが1枚（図1）。

　新しい1枚を出し、同じように二つ折りした後、もう1回二つ折りし、真ん中を切ると何枚でしょう。5枚？ 6枚？ 浮かばない人は紙テープを折ってください。答えが出たら、切りましょう。5枚です（図2）。

　また新しい1枚を出し、半分に折って、また半分に折って、また半分に折って、切ると？

　観察しなくてもわかる人もいるでしょう。「3枚、5枚ときたら、次は7枚」「2枚ずつ増えるから」という声が聞こえそうです。でも、観察は大事です。やってみると、なんと9枚。4枚も増えました！

　それでは、もう1回折る回数を増やし、4回折って真ん中で切ると何枚でしょう。「2枚、4枚と増えたから、次は6枚増えて15枚？」「2枚、4枚と増えたのを2倍ずつと考えると、次は8枚増えて17枚！」と考える人もいます。

　実際は……、17枚でした。

　ここまでを表にしましょう。

　「できる枚数」を横に見て「何枚増えたか」に注目するのでなく、縦に見ると、「できる枚数」＝「切る枚数」＋1になっているのに気づきます。

　実は、植木算の仕組みと同じです。もう次は、切らなくてもわかりますね。

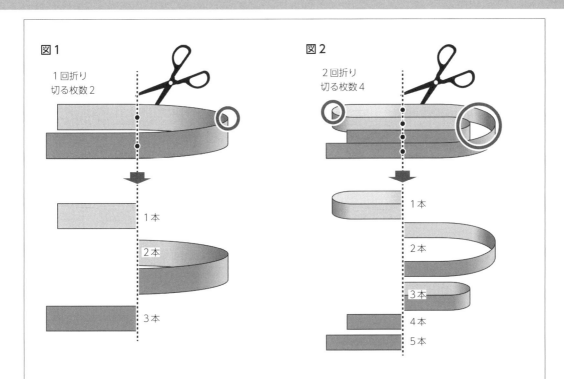

図1 1回折り 切る枚数2

図2 2回折り 切る枚数4

表

テープで植木算?

折る回数	0	1	2	3	4	…
切る枚数	1	2	4	8	16	…
できる枚数	2	3	5	9	17	…

⑰ 輪飾りの秘密

輪飾りを半分の幅に切り離すと、どんな形になる？

➡円形が四角形に変身するなんてオドロキですよ。

今回は、「輪飾り」で不思議な実験をやってみましょう。まずは、テープ状の紙を輪にしてのり付けし、その輪の中にもう1枚のテープ状の紙を通して交差部分をのり付けし、輪にします。輪が2つつながった輪飾りができますね。

次に、輪の幅が半分になるように、のり付けした部分も含めて中央部分をはさみで切ります。

2つとも切ると、さて、どうなるでしょうか。

大きな輪ができる？　いや、4つのつながった輪が登場する？　いろいろ予想できそうです。

実際にやってみると……、驚くことに正方形ができました（図1）。

では、輪を3つにしたらどうなるでしょう？　長方形？　六角形？

3つの輪をつなげ、同じように幅が半分になるように切ってみます。

結果は、長方形が2つできました（図2）。予想外ですねえ。しかも、この2つは、先ほどの正方形の上に重なります。

では、輪が4つなら？　長方形が3つ？　正方形が4つ？

実は、全体はつながっていて、その中に小さな正方形が4つできます（図3）。これも最初の正方形と同じ大きさです。

つながっている→つながっていない→つながっている、と来ましたね。では、次はつながらない？

考え方を変えて、出来上がる形からの想像もできます。

長方形1個にしたいなら、最初はどんな輪飾りにすればいいでしょう。

出来上がりが平行四辺形なら？

ひし形なら？

貼り合わせる角度を変えて、あれこれ考えて切るうちに、新しい発見があるかもしれませんよ。

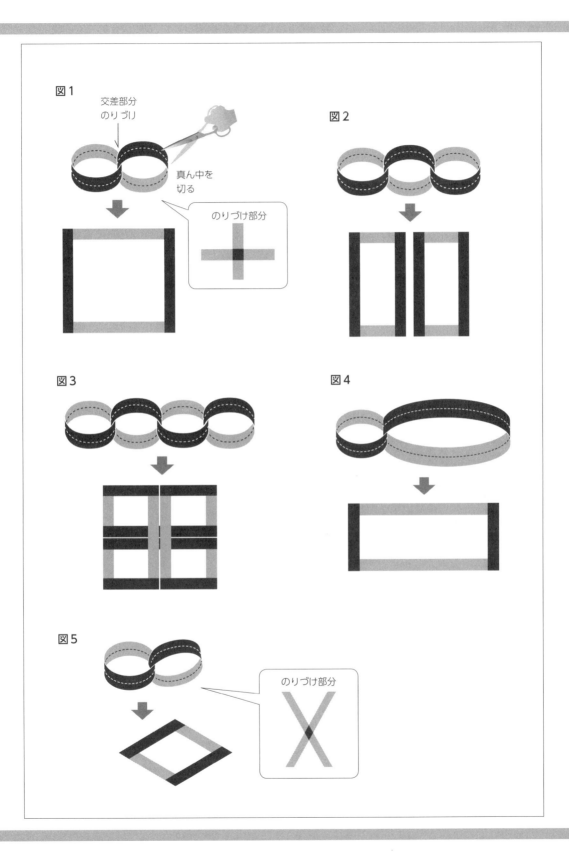

⑱ 立方体で作る立方体

立方数と平方数のふしぎな関係とは？

➡ 立方数とは一辺×一辺×一辺です。
➡ 平方数とは一辺×一辺です。

　机の上に立方体の積み木があります。なんと200個！　これで大きさの違う立方体を作っていくと、何種類できるでしょう。40種類？　50種類？

　まず1個だけで1種類ですね。次は1辺が2個のもの。使う積み木の数は、2×2×2で8個ですね。

　次は、1辺が3個のもの。3×3×3で、27個使います。

　さらに1辺が4個のもの。4×4×4で、64個も使いました。

　ちょっと待ってください。ここまでで、積み木は何個使ったでしょう。

　1＋8＋27＋64＝100（個）。残りの積み木は100個。これで、次の大きさはできますか。1辺が5個ですから、5×5×5＝125（個）。足りません。たった4種類の立方体しかできないことが分かりました。

　個数の1、8、27、64、125……という数の共通点がわかりますか？　1の3乗、2の3乗、3の3乗、4の3乗……これは「立方数」です。

　次に、3種類までの個数を足してみましょう。1＋8＋27＝36（個）。2種類までなら、1＋8＝9（個）。1種類なら「和」も、もちろん1（個）。

　こうした「立方数の和」を順番に並べると、1、9、36、100。1＝1×1、9＝3×3、36＝6×6、100＝10×10。同じ数の2乗になっています。これを「平方数」と言います。つまり、立方数の和は、「平方数」になる場合があるのです。

　これを式で表すと、上の式のようになります。つまり、1個と8個の立方体を崩せば、正方形に並べ替えられるのです。

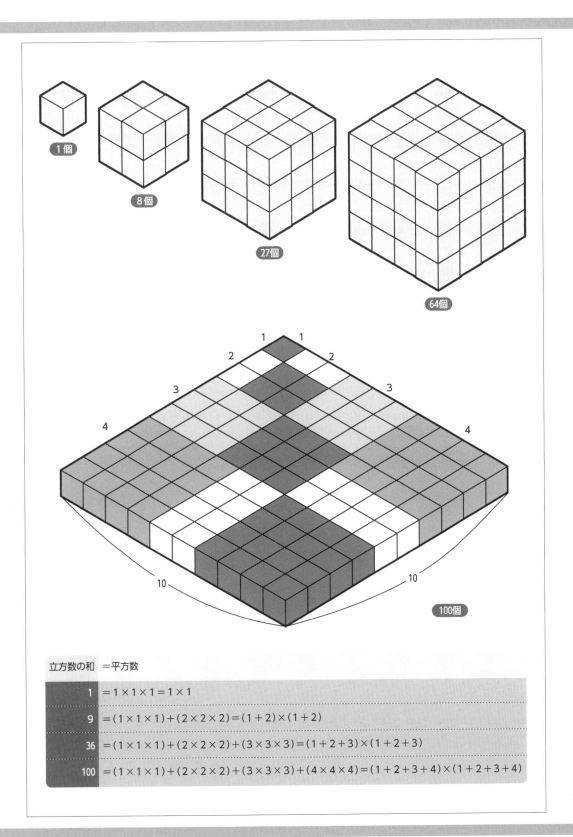

立方数の和	=平方数
1	$= 1 \times 1 \times 1 = 1 \times 1$
9	$= (1 \times 1 \times 1) + (2 \times 2 \times 2) = (1+2) \times (1+2)$
36	$= (1 \times 1 \times 1) + (2 \times 2 \times 2) + (3 \times 3 \times 3) = (1+2+3) \times (1+2+3)$
100	$= (1 \times 1 \times 1) + (2 \times 2 \times 2) + (3 \times 3 \times 3) + (4 \times 4 \times 4) = (1+2+3+4) \times (1+2+3+4)$

⑲ 点の数

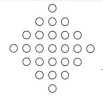

○の数え方、あなたならどうする？

→発想豊かな数え方を工夫しましょう。
→数え方を式で表してみましょう。

道路やホームの足元などにある「点字ブロック」。いくつの○があるか数えたことはありますか？

一つ一つ数えると抜け落ちる可能性もあります。工夫して数えられないでしょうか。

実際のブロックとは並びが少し異なりますが、図1のようなブロックと仮定して考えてみましょう。小学生に考えさせてみたら、4種類の式が出てきました。

(1) $1+3+5+7+5+3+1=25$
(2) $4 \times 4 + 3 \times 3 = 25$
(3) $5 \times 5 = 25$
(4) $(7 \times 7 + 1) \div 2 = 25$

どんな数え方をしたかわかりますか。まず、(1)は、式の数字の並びが対称ですね。○も、左右上下が線対称に並んでいます。1列ずつ足していったのですね（図2）。

(2)は、斜めに見ると、団子のように4個と3個が交互に並んでいます（図3）。4個が4列、3個が3列でこの式です。

(3)は、ずいぶんシンプル。「サイコロの5の目が五つある」とある子がいいました。図4を見てください。5個のかたまりが五つ。面白い見方です。別の発想もあります。四隅の角の点を移動してみると正方形に！（図5）。

(4)はどうでしょう。難しそうです。「7×7」は一辺が7の正方形。でも、あれっ？ 1辺は5……。○を図6のように付け加えてみるとできそうです。付け加えた○と元の○は半分ずつですね。ただし、中心の1個だけは数えていないので、1を加えています。

実物ならどう数えるか。研究してみてください。（右図）

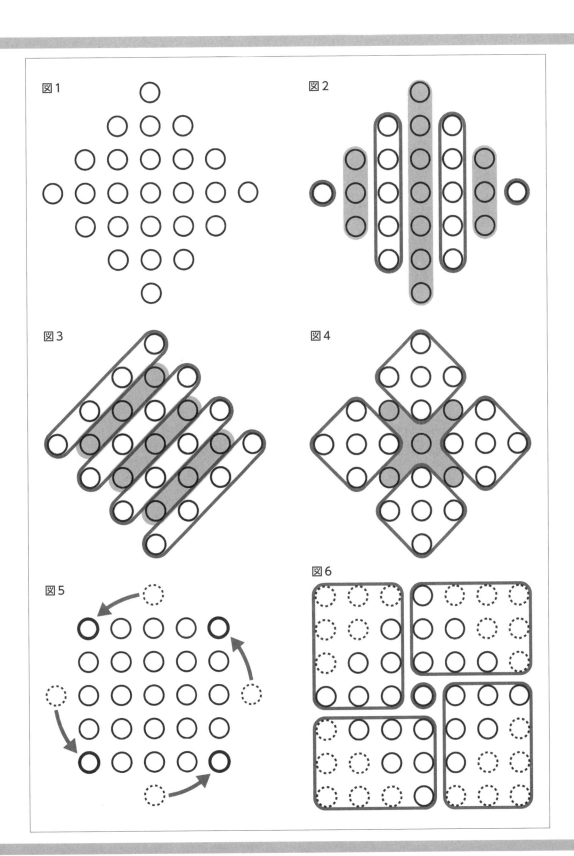

⑳ 面積マジック

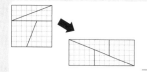

あれっ！ 面積がかわった？

➡三角形の斜線の傾きに要注意です。

　今回は面積のマジックです。まず、厚紙で8cm×8cmの正方形を作ってください。面積は、8×8で、64cm²ですね。この正方形を、図1のように四つに切って、図2のような長方形に並べ替えます。

　できた長方形の面積は？

　5×13で、65cm²。おやっ？　並べ替えただけなのに、面積が1cm²増えてしまいました。

　図3を見てください。①の斜辺と②の斜辺の傾きがぴったり一緒であれば、直線になっているはずですね。

　斜辺の傾きを表す数値は、高さと底辺の比で表します。①の場合は、3：8なので、傾きは$\frac{3}{8}$。②の方は、2：5なので、傾きは$\frac{2}{5}$。分母をそろえると、①は$\frac{15}{40}$、②は$\frac{16}{40}$で、わずか$\frac{1}{40}$ですが、2つの直角三角形の傾きは違っているのです。あまりにも小さな違いなので、一直線に見えていたのですね。本当はこの斜辺には、大げさに描くと、図4の斜線部分のように、わずかに隙間ができています。それが1cm²というわけです。

　では、次に13cm四方の正方形を図5のように切って並べ替え、8cm×21cmの長方形を作ってみましょう。正方形の時は13×13で169cm²の面積ですが、長方形では8×21で168cm²。あれっ、今度は1cm²減ってしまいました。

　先ほどと同じように①と②の傾きを計算すると、秘密が解けますよ。

　この図に出てきた数は、1、1、2、3、5……といった、前の二つの数を足すと次の数になる「フィボナッチ数列」の中に登場する数ですよ。

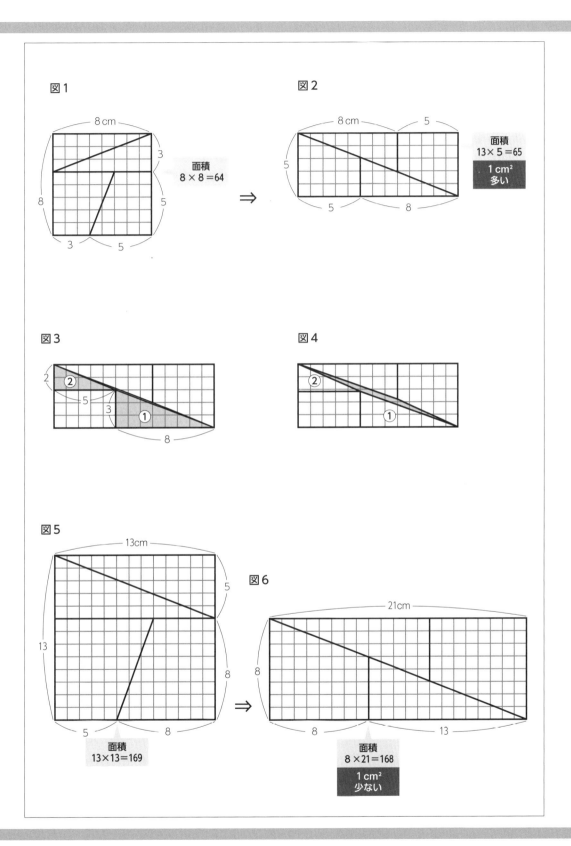

㉑ サイコロタワー、隠れた目の和は？

正六面体　正八面体

見ただけでわかる必殺技!?

➡ サイコロの目は、どのように配列されているかに注目します。

　ゲームでよく使う「サイコロ」。英語では「ダイス」で、漢字で「骰子」「賽子」と書くこともあります。サイコロの特徴をいくつ言えますか。

・立方体。どの面も正方形でできているので「正六面体」とも言います。
・1から6までの目がついています。
・目の裏表は、（1・6）（3・4）（5・2）のような組になっています。いずれも合計7。

　さて、このサイコロを縦に4個積みます。隠れた目の数の合計はいくつになるか考えてみましょう。

　図1のように周りの目の数を調べて、隠れた目を探しますか？

　でも、もっと簡単にできるんです。

　特徴の一つ、表と裏の目を合わせて7になることを使うのです。まず、積んだ一番上のサイコロの上の面の目も隠れていると考えたらどうでしょう。上と下の目を合わせた7が4組隠れていることになりますね。つまり、7×4＝28が隠れた目の合計。そこから、見えている一番上の目を引けばいいわけです。たくさん積んでも同じです。

　7×(積んだサイコロの数)－(一番上の目)＝(隠れた目の数の合計)

　正八面体のサイコロではどうでしょう。4個積んでみます（図2）。正八面体のサイコロは平行な面が（1・8）（2・7）（3・6）（4・5）と合計9になっています。つまり、

　9×(積んだサイコロの数)－(一番上の目)＝(隠れた目の数の合計)

　この場合、一番上が6ですから、
　9×4－6＝30
　いろんなサイコロで、問題を考えてみてください。

図1

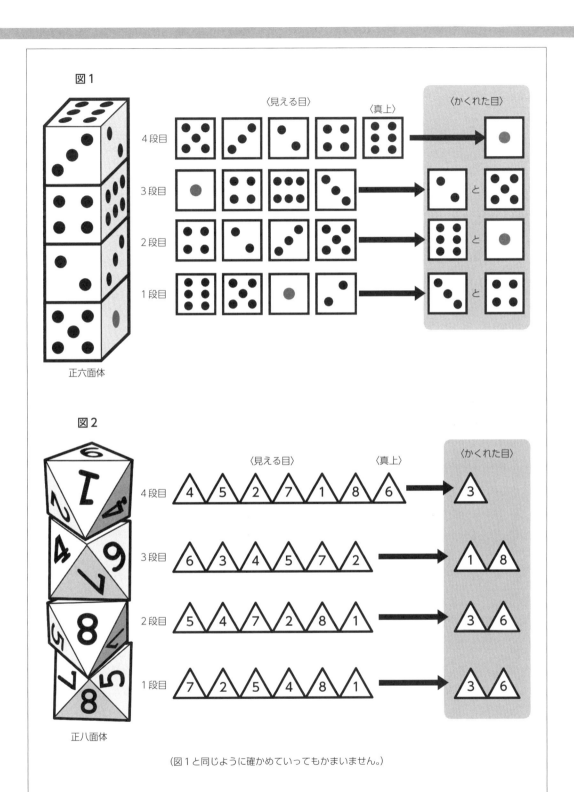

図2

(図1と同じように確かめていってもかまいません。)

㉒ 九九表

九九の隠し味、見つけられますか？

→九九表をいろいろながめ回すと見つかるかも⁉

　九九の答えを一覧にした「九九表」をご存じですか。81個の数が規則正しく並んでいますが、実は、面白い秘密がたくさん潜んでいます。今回は「全部の数の合計」を考えてみましょう。

（1）横の列に注目！（表1）　上から横一列を足します。1の段は、1＋2＋3＋4＋5＋6＋7＋8＋9＝45。

　2の段の合計はその2倍で、45×2＝90。

　順次3倍、4倍……となることに気づきます。九九表の数の合計は、45×（1＋2＋3＋4＋5＋6＋7＋8＋9）＝45×45＝2025。

　次に、（2）平均に着目！（表2）

　九九表全体の平均は真ん中の25。縦でも横でも同じです。ということは平均の数が81個、合計は25×81＝2025。

　さらに、（3）かぎ型に見る！

　えっ？　と思うでしょう。表3のかぎ型の中の数をたしてみます。初めは1、次は8、27、64……。

　何か気づきましたか？

　これらは同じ数を3回かけたもの。⑱で紹介した「立方数」です。九九表全体の合計はこの立方数の合計。1＋8＋27＋64＋125＋216＋343＋512＋729＝2025。ちなみに2025は、45の2乗です。

　九九表を見せると「四隅の合計がちょうど100！」と言う子がいます。すると「他にも100を見付けた！」と、大小の正方形の四つの頂点部分の数を指す子が出ます（表4）。これは、実は20組あります。真ん中の25だけがどこにも入らない状態なので、

　100×20＋25＝2025。

　まだまだいろんな秘密が隠されています。夏休みの宿題に考えてみては？

表1

九九表

1	2	3	4	5	6	7	8	9	→	45
2	4	6	8	10	12	14	16	18	→	90
3	6	9	12	15	18	21	24	27	→	135
4	8	12	16	20	24	28	32	36	→	180
5	10	15	20	25	30	35	40	45	→	225
6	12	18	24	30	36	42	48	54	→	270
7	14	21	28	35	42	49	56	63	→	315
8	16	24	32	40	48	56	64	72	→	360
9	18	27	36	45	54	63	72	81	→	405

表2

横一列の平均の数

5	5	5	5	5	5	5	5	5
10	10	10	10	10	10	10	10	10
15	15	15	15	15	15	15	15	15
20	20	20	20	20	20	20	20	20
25	25	25	25	25	25	25	25	25
30	30	30	30	30	30	30	30	30
35	35	35	35	35	35	35	35	35
40	40	40	40	40	40	40	40	40
45	45	45	45	45	45	45	45	45

⇓

縦一列の平均の数

25	25	25	25	25	25	25	25	25
25	25	25	25	25	25	25	25	25
25	25	25	25	25	25	25	25	25
25	25	25	25	25	25	25	25	25
25	25	25	(25)	25	25	25	25	25
25	25	25	25	25	25	25	25	25
25	25	25	25	25	25	25	25	25
25	25	25	25	25	25	25	25	25
25	25	25	25	25	25	25	25	25

表3

	1	2	3	4	5	6	7	8	9
1 ←	1	2	3	4	5	6	7	8	9
8 ←	2	4	6	8	10	12	14	16	18
27 ←	3	6	9	12	15	18	21	24	27
64 ←	4	8	12	16	20	24	28	32	36
125 ←	5	10	15	20	25	30	35	40	45
216 ←	6	12	18	24	30	36	42	48	54
343 ←	7	14	21	28	35	42	49	56	63
512 ←	8	16	24	32	40	48	56	64	72
729 ←	9	18	27	36	45	54	63	72	81

表4

1	2	3	4	5	6	7	8	9
2	4	6	8	10	12	14	16	18
3	6	9	12	15	18	21	24	27
4	8	12	16	20	24	28	32	36
5	10	15	20	25	30	35	40	45
6	12	18	24	30	36	42	48	54
7	14	21	28	35	42	49	56	63
8	16	24	32	40	48	56	64	72
9	18	27	36	45	54	63	72	81

(例)
1＋9＋9＋81＝100
5＋45＋45＋5＝100
16＋24＋36＋24＝100
⋮

㉓ ピザの切り分け

切る回数とピース数、どんな関係？

➡ 直線で切ること、大きさは不均一でもピース数が最多になる切り方を考えます。
➡ 式が考えられるとよいのですが…。

　ピザの好きな子どもが増えています。食べる前に、ちょっと親子で考えてみてください。円形の1枚を3回切ると、何ピースになるでしょう。円形の端から端までまっすぐの直線に切る、という約束にしましょう。ピースの大きさは違っても構いません。ピースの数が最多になるように切ってみてください。さて何ピースできますか。

　6ピース？

　でも、7ピースできた人がいますよ。切る線はどこも2本で交わっています。1点に3本交わっているところはありません。どんな切り方が浮かびますか？ 答えの例は、図1。

　では、10回切ったらどうでしょう。円形の紙で試行錯誤してみるのもいいですね。本物のピザでは、グチャグチャになりそうですから、レストランで考える人のために、順番に、頭を整理してみましょう。

　何も切らない0回だったら、いくつでしょう。当然、1ピースです。

　では、1回切ったら？　2ピース。

　2回だったら？　4ピース。

　3回なら？　7ピース……。

　並べてみましょう。何か決まりが見えるかもしれません。

　増え方に着目！

　増え方は、なんと、1、2、3……となっていますね。

　4回切ったら、7+4=11ピースとなりそうです。切って確かめてみましょう（図2）。この決まりのままで増えていくとしたら、10回切った場合は？

　1+(1+2+3+4+5+6+7+8+9+10)=56(ピース)。

　こんなふうに集まった人数に合わせて、切り方を楽しむのも、算数の力を育てますよ。

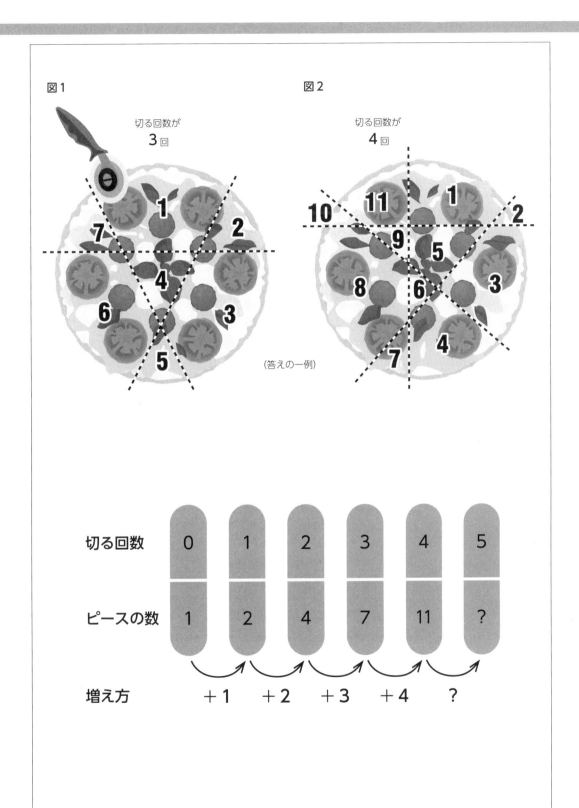

㉔ 対角線の長さ

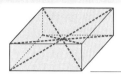 **直方体の対角線はどう測る？**

➡直方体を壊さずに測る方法をさがしましょう。

　小学校で、平面図形の対角線について習ったのを覚えていますか。

　対角線とは、「同じ辺の上にない二つの頂点を結ぶ直線」のこと。

　例えば、五角形の対角線は5本あります（図1）。この長さを測るには、ものさしを使えばできそうです。

　では、まだ開けてない「ティッシュペーパーの箱」の対角線を測りたいと思います。

　まず、立体の対角線はどこかを考えなければなりませんね。立体の対角線は、「同じ面の上にない二つの頂点を結ぶ直線」ということになります。箱は、直方体として考えてみましょう。この場合、図2のように4本あります。では、その長さはどう測ればいいでしょうか。

　まず、机の端に直方体を置きます。

　次に、図3のように印をつけ、そこが端になるように平行移動します。元の場所に透明な直方体があると考えます。

　透明な直方体の対角線にものさしを当てて、頂点から頂点まで測ればいいのです。

　さらに、問題です。

　今は、ティッシュペーパーの箱でしたが、もしも、これが石のように重くて動かすのが大変なものだったらどうしますか。

　この場合も解決方法があります。直方体の石の一つの角の上に、同じ高さの棒を立てます。そして、その棒の端から対角線を引くようにものさしを当てれば、簡単に対角線の長さを測ることが可能ですね（図4）。

　昔、墓石などは、この方法で測っていたようですよ。

　対角線の問題は、算数や数学でも出てきます。こうした方法を身につけておけば、問題を解くのにも使えます。

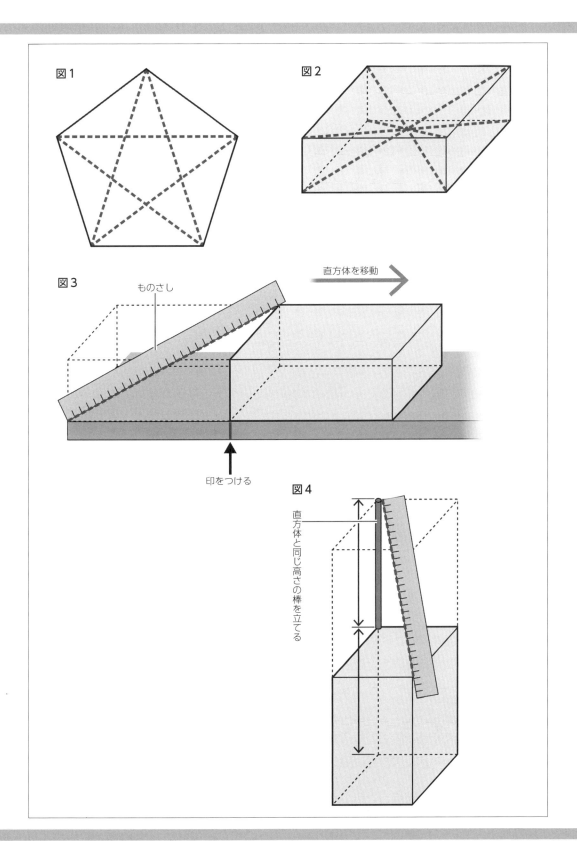

㉕ 1枚の紙のはずが

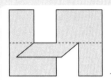

ありえない？　ありうる？

▶「ねじる」が決め技です。

　ちょっと不思議なカードがあります。名前は「ハイパーカード」(図1)。

　1枚の紙を切って作りました。図をよーく見て……、さあ、みなさんも作ってみてください。これを、教室の黒板の端にはっておくと、登校してきた子どもが興味津々で見たり触ったりしています。

　そして、「あれっ、この紙二重になっているかもしれない」とか「こんな紙ないよ」などと言い出します。

　頭の中で考えてみましょう。真ん中に立っている部分をたたむと、穴の開いている部分が隠れますね。でも、これだと二重になってしまう部分ができます。

　反対側に折っても、やはり同じ。

　まず、長方形の紙を1枚用意して、細長く半分に折って折り目をつけてください。開いたらその折り目まで、図2のように、上から2本、下から1本、切り込みを入れます。下の1本は紙の幅の真ん中ぐらい、上の2本は左右対称にするときれいにできますよ。

　そして、紙の右半分を手前に180度ねじってみると……、どうです？

　できたでしょう。「ねじる」が大切なポイントですね。

　では、応用編。図3のようなリングは作れますか？

　真ん中で横になっている紙は、内側に2枚、外側に1枚あります。もうわかりましたか？　では、図4を見てください。先ほどと同じように切って、ねじっていけばできます。最後だけ反対にねじります。

　普段何げなく使っている紙1枚も、ちょっとした工夫で、びっくりするようなものに変身します。

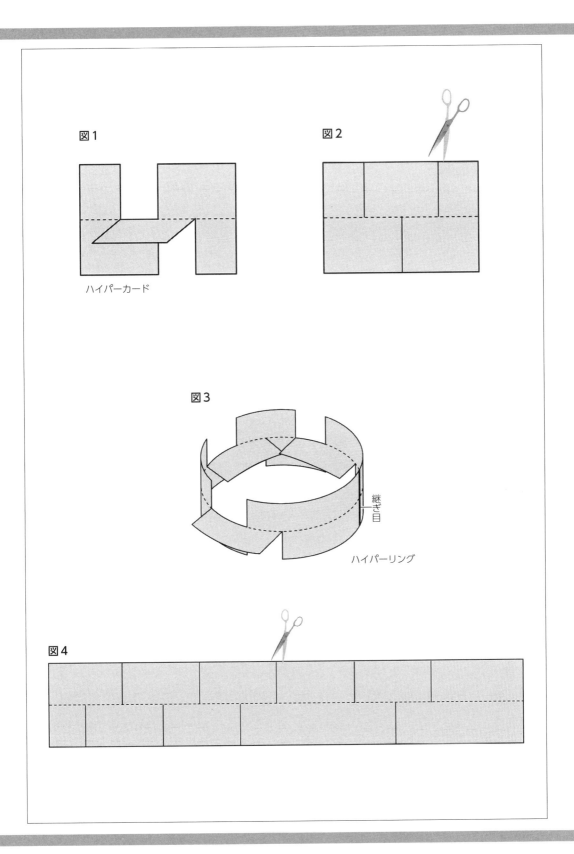

㉖ アルファベットパズル

各パーツをどう組み合わせる？

→パーツの向きをいろいろ変えて考えてみます。
→対称な形のアルファベット文字に着眼します。

　身近な厚紙で、さまざまなアルファベットパズルを作ってみました。

　まず、図1のような4ピースのパズル。どんなアルファベットになるかわかりますか？　そう、私、坪田（ＴＳＵＢＯＴＡ）の「Ｔ」です（図2）。

　では、図3のような6ピースはどうでしょう。どんな文字ができますか？　よくみて、何か気づきませんか？　2ピースずつ同じ形になっています。ということは、どういうことか。

　半分に折れば重なるような、「対称」な形のアルファベットということですね。

　答えは「Ｈ」です（図4）。この「Ｈ」は、横と縦が3対4の長方形の厚紙から作りました。横縦どちらも、半分に折れば重なる線対称であり、しかも、中心を軸に180度回転すれば重なる点対称でもある形です。

　今度は、図5の6ピース。どんなアルファベットか想像できますか。一つも同じ形がありません。対称ではない？　実は、これも線対称なんです。図6のように「Ｅ」ができます。上下半分に折れば重なりますね。でも、切り方によって違う形になるんですね。

　学校で、図形の「対称」について学びましたね。このアルファベット3文字は、いずれも「線対称」。そして、「Ｈ」のみ「線対称でもあり、点対称でもある」形です。

　自分で厚紙で作ってみると、直角にへっこんだ部分をどう使うかも、わかるようになります。ぜひ、あなたのイニシャルも作ってみてください。図形センスを磨くのに、パズルは役立ちます。

　これぞ「ＴＨＥ　パズル」！

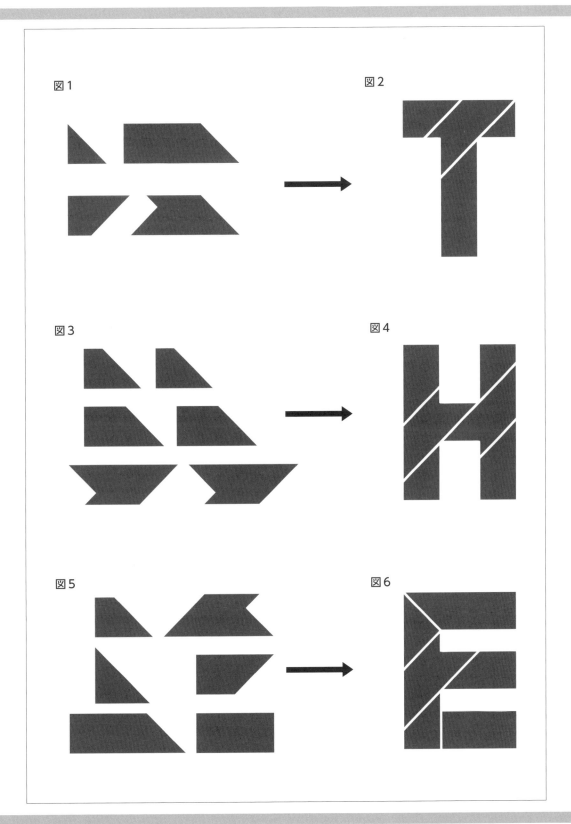

㉗ 「頂点つなぎ」と「辺つなぎ」

1個
2個
︙

頂点つなぎで，正方形の形を1つずつ増やしてできる形はいくつ？

→正方形を頂点でつなげた形の総称は「ポリコーノ」、辺と辺でつなげた形の総称は「ポリオミノ」といいます。
→両者の辺と頂点の対応関係に注目します。

　⑫で「ポリオミノ」という正方形の辺と辺をつなげた形をご紹介したのを、覚えていらっしゃいますか（図1）。今回は、辺ではなく、頂点をつなぐ形について考えてみます。ただし、条件があります。正方形の辺と辺が直交するように頂点同士をつなげてください。1個、2個、3個……と増やしていくと、何種類できるでしょう。

　ちなみに「ポリオミノ」は、1個は1種類、2個も1種類、3個は2種類、4個は5種類、5個は12種類もできました。今回はどうなるでしょう。

　正方形が1個なら当然1種類しかできませんね。2個ならこれも1種類です。3個ならどうでしょう。図2のように2種類できます。

　「あれっ？　私が考えたものと形が違う」という人は回転させてみてください。同じ形になるはずです。

　では4個ならどうでしょう。図3のように5種類できます。

　ここで、何か気づきませんか？　そう、「ポリオミノ」と同じだけできています。なぜかわかりますか？　4個の正方形の時で考えてみましょうか。「辺つなぎ」でできた5種類の上に、さっき作った「頂点つなぎ」の5種類を乗せてみましょう（図4）。わかりましたか？　辺と頂点がそれぞれ対応しています。これを「双対関係」と言います。こう考えれば、同じ種類ずつ形ができるのも納得いくのではないでしょうか。正方形5個なら何種類できるか、もうわかりますね。頂点でつないだ形は総称して「ポリコーノ」と言います。

　次の文献が参考になります。『箱詰めパズル・ポリオミノの宇宙』（ソロモン・ゴロム著、川辺治之訳　日本評論社）

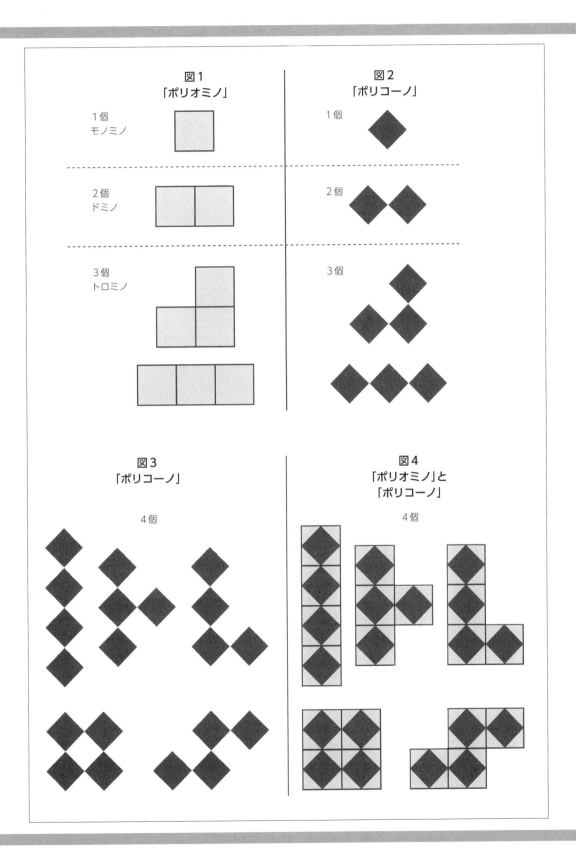

㉘ 正八面体の展開図

正六面体の展開図と比較すると？

➡正八面体の展開図はいくつあるか考えましょう。

　サイコロのような正六面体（立方体）の展開図は小4で習いますが、いくつあるか覚えていらっしゃいますか。11種類あります。

　では、今回は、正三角形8枚でできた正八面体（図1）の展開図について考えてみます。

　正六面体より多いでしょうか、少ないでしょうか。まずは、切ってはって、あれこれ試してみましょう。

　できましたか。今回は、正六面体と比較して考えてみます。

　正六面体は、6枚の正方形で囲まれていて、辺の数は12本。そのうち、5本がどの展開図でもつながっています（図2）。逆にいえば、正六面体の7本の辺を切れば展開図が分かるわけです。

　同じように正八面体を考えます。8枚の正三角形で囲まれた形で、辺の数はやはり12本。一つでもできた展開図があれば見てください。「8－1」つまり、7本の辺でつながっているはずです。これは、5本の辺を切ればいいと考えられるわけです。

　あれっ？　と思った人はいませんか。正六面体と正八面体の関係は表のようになります。どちらも12本の辺があり、残す辺は、正六面体は5本、正八面体は7本。

　切る辺は逆。正六面体と正八面体は対応する関係になっているので、実は展開図も同じ11種類できるのです。

　図3のように、正六面体の中に正八面体はすっぽり入ります。これは、正六面体の面と、正八面体の頂点が対応する「双対」の関係にあるからです。

　11種類の展開図も一つ一つ対応しています。興味のある方は考えてみてください。

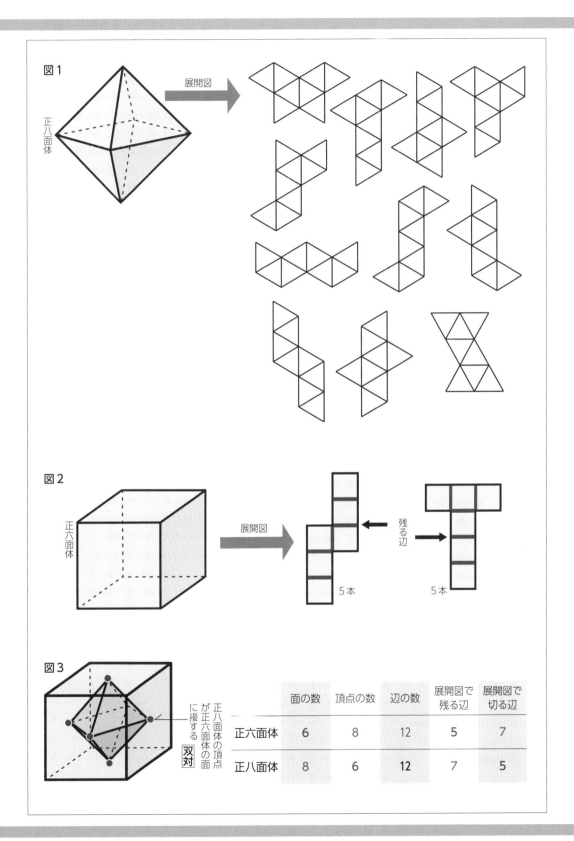

㉙ ドンナ四角形ガアリマスカ

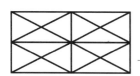

四角形は全部でいくつ？

➡隠れている四角形がたくさんあります。

戦前の小学校で使われていた教科書を見たことがありますか。私の研究室には、復刻本があります。緑の表紙だったことから「緑表紙」と呼ばれました。正式には『尋常小学算術』といいます。戦前の一時実際に使われたもので、1年生の上巻はカラーの絵だけで文字はありません。当時の先生たちはこれで授業ができたんですから、優秀だったんですね。今回はその中の問題をご紹介します。

『尋常小学算術　第四学年上』に掲載されている問題です。

「右ノ図ニハドンナ形ノ四角形ガアリマスカ」という設問に、図1がついています。

さて、全部でいくつの四角形が隠れているか、見つけられますか。今回は裏返したり回転したりして同じ形になっても、違う形として数えることにします。

答えは……なんと、18種、78個。

長方形（3種7個）、正方形（1種2個）、ひし形（2種5個）までは、見つけやすいですね（図2）。

でも、平行四辺形（3種12個）もありますよ（図3）。

一番多いのは、実は台形（7種44個）なんです（図4）。

ほかにも、不規則な四角形（2種8個）もあります（図5）。

どうですか。戦前の4年生と同様に正解できましたか？

「緑表紙」教科書は、思考力をつける良問があると注目され、いまも復刻本の出題をされる先生も時々いらっしゃいます。興味があれば見てください。

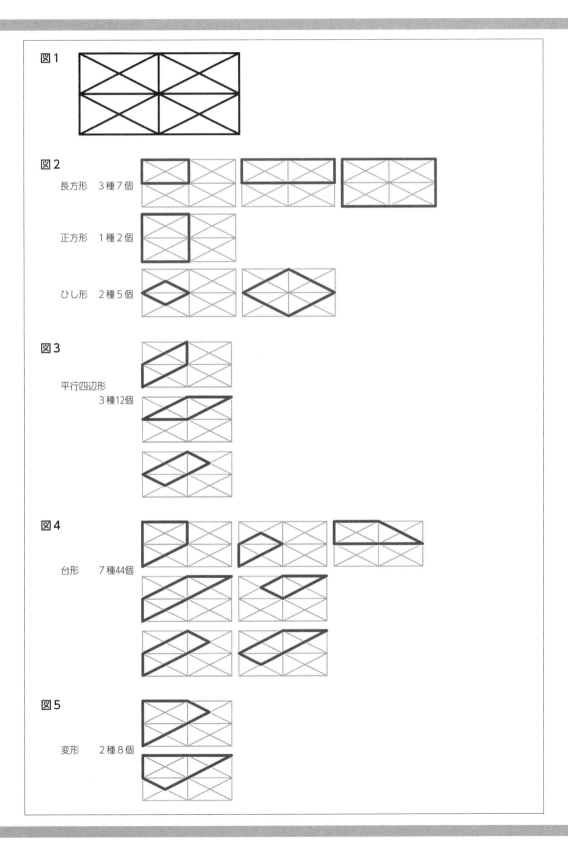

㉚ いろんな四角形作ろう

等しい面積の四角形を作るには？

➡四角形は三角形に分解できます。
➡三角形の面積の公式を思い出しましょう。

　前回は、戦前の教科書の四角形を見つける問題でしたが、今回は四角形を作る問題です。以前にも使った、板に釘を打った「ジオボード」を用意しましょう。タテ、ヨコ7本ずつ等間隔に釘を打ったものを使います。まず、図1のような四角形を輪ゴムで作ります。この四角形と面積が同じになる、別の形の四角形を作るにはどうすればいいでしょう。

　まず、図1の四角形の面積を求めてみます。どのように考えますか。図2のように方眼から考える手もありますね。図3のようにスッポリ入る正方形から不要な部分を削る手もあるでしょう。いずれも答えは10マス分です。

　ここまでわかれば、面積が10マスになる四角形を作ればいいわけです。

　平行四辺形、長方形、正方形などいろいろできますね（図4）。

　変形した四角形を作ることもできそうですが、さてどうすればいいでしょうか。ヒントは三角形の面積の公式にあります。「底辺と高さが等しい三角形は面積が同じ」なのです。

　図1の四角形に対角線を1本引いて、そこと平行になるような線を図5のように引いてみましょう。どうですか？

　この線上にある釘にゴムをひっかけてみれば、どれも同じ面積になるはずです。

　対角線の反対側の三角形でも同じことができます。違う対角線でもできます。この図の中にも他の四角形が作れます。探してみましょう。こう考えるとたくさんできますね。答えはいろいろです。

　このジオボード上ならいくつできるか数えてみたら楽しめますよ。

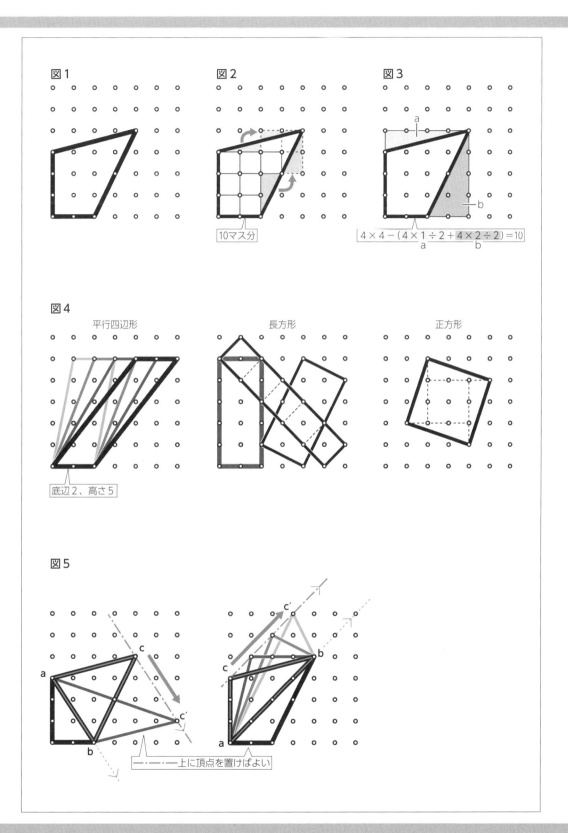

㉛ 大小のカップで水を量ろう

カップ 9dL　カップ 4dL

6dL の水をとり出すには？

→捨てる、移すを繰り返して、1dL、3dL の量り方を考えよう。

　江戸時代にはやった算術書『塵劫記』をご存じですか。吉田光由という人が執筆したもので、その中に「油はかり分ける事」という問題があります。「一斗の油を、七升のますと三升のますで、五升ずつに量り分けよ」というものです。現代の中学入試問題などにもよく使われる水量の問題です。

　似た問題を解いてみましょう。

　大小二つのカップがあります。大きい方は9デシリットル（dL）、小さい方は4dL 入ります（図1）。この大小２つを使って、6dL の水を量り取りたい。

　どうしたらいいでしょう。

　数学者のジョージ・ポリアは、著書『いかにして問題をとくか』の中で「逆向きに解く」というアイデアを載せていました。

　つまり結果から考える。今回はこれを使ってみます。

　最後に6dL 残すためには、大きなカップいっぱいの9dL の水から3dL を捨てればいいのですね。

　次に3dL はどう量るか。小さいカップは4dL です。あらかじめ1dL 入っていれば残りが3dL となります。

　では1dL はどうすれば量れるでしょう。大きなカップに水をいっぱいに入れて、小さなカップに２回移し替えて捨てます。9−（4×2）＝1。1dL ができました。

　これを小さいカップに移せば、残りの部分が3dL です（図2）。

　あとは簡単。大きなカップ1杯にもう一度水を入れ、1dL が残っている小さなカップに、いっぱいまで移す。9−3ですから、大きなカップに6dL が残りました（図3）。

　江戸時代から続く知恵ですね。

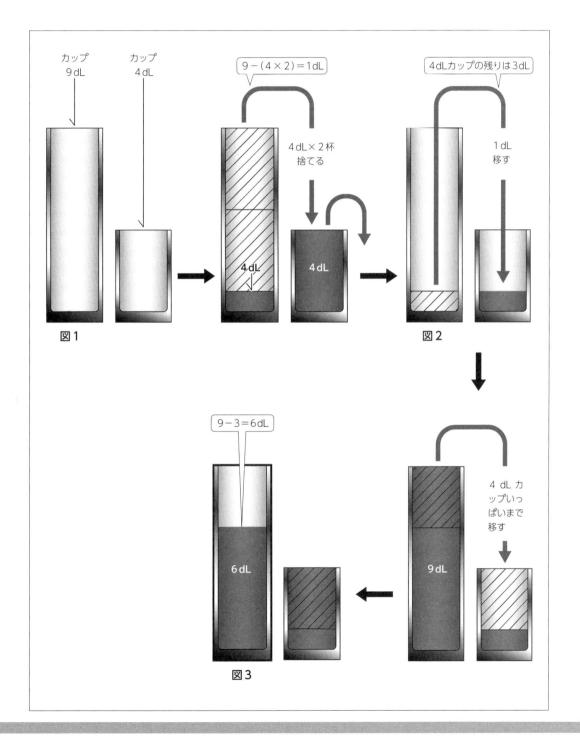

㉜ 5個の正方形、1個にできる？

 どこをどのように切って、並べ替える？

➡新しくできる正方形の1辺の長さは元の正方形の1辺の長さより長くなります。
➡そのことから切り方を考えていきます。

　正方形5個をつないだ形の呼び名を覚えていますか？　⑫でやりましたね。ペントミノ。12種類あります（図1）。今回は、このそれぞれの形を3個または4個のピースに切って、並べ替え、正方形を作りたいと思います。簡単そうですが、できますか？

　はさみを持ったものの、どこからどう切ったらいいか、見当もつかない人にヒントです。

　出来上がる正方形の大きさを予想してください。そもそもペントミノは正方形5個の形ですから、出来上がる正方形は、元々の正方形4個分よりも大きなものになるはずですね。ということは、出来上がる正方形の1辺の長さは、元々の正方形の1辺の2倍よりも長い、ということになります。つまり、パーツを作るには斜めに切る必要があるのです。

　例えば、T形のペントミノでやってみましょう。2個の正方形からなる長方形を対角線で切って3ピースにしてみます。でもこれでは正方形にはなりそうもない。さらに4ピースに切り分けて、並べ直しましょう。正方形になりましたね（図2）。

　Z形のペントミノはどうでしょう。これも図3のように、2個の正方形からなる長方形の対角線で3ピースに切り分けるとできます。

　U形のペントミノも図4のように、Fに似た形も図5のように切れば出来上がり。

　あれっ？　T、U、Fに似た形は、どれも同じ形のピースになりますね。12種類全部でできたら素晴らしい！

　この問題は、古くは松田道雄著『わかる数と図形のパズル』（1959年　岩崎書店）にありますよ。

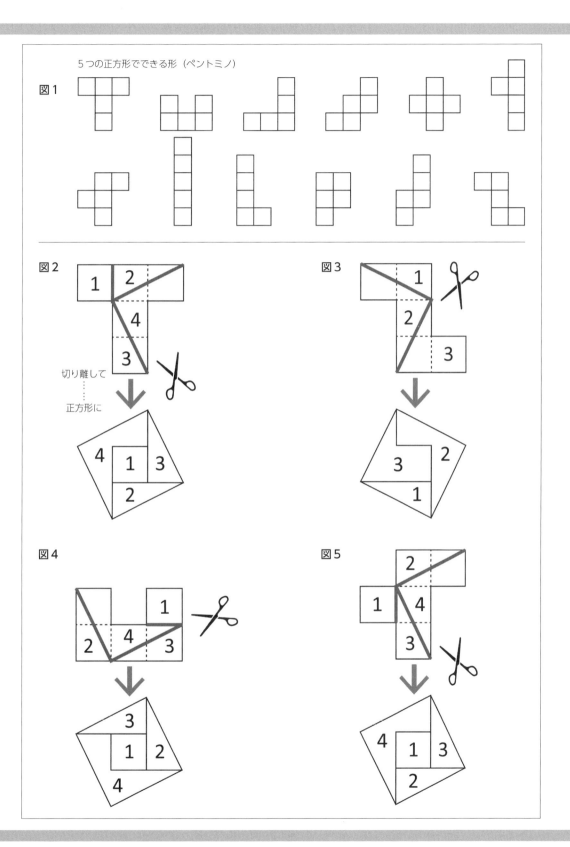

㉝ 正2分の5角形？

正多角形の内角の求め方は？

➡公式があります。それにあてはめると、分数の多角形もありですね。

お正月、様々な形の重箱や料理を目にしたことと思いますが、その中に「正多角形」はありませんでしたか。辺の長さ、角の大きさがすべて等しい多角形。例えば、正五角形なら図1です。では、「正2分の5角形」って、どんな形が想像できますか？

まず、正多角形の一つの角（内角）を求めるにはどうすればいいでしょう。

図2のように対角線でいくつかの三角形に分け、三角形の内角の和が180度であることを使えば簡単に計算できます。180（度）×3（個）÷5（角の数）ですね。

正□角形の内角の数を求める公式は、図の式のようになります。

正五角形ならば、□に5を入れて、
180×(⑤−2)÷⑤＝108

内角は108度です。描くときには、1辺の長さを例えば10センチと決め、10センチの直線の先から108度を測り、また10センチの直線を描いて108度……と、同じ方向に繰り返せば描けるわけです。

さて、ようやく本題。

□に分数を入れたらどうなるでしょう。「正2分の5角形なんて形あるの」と思うでしょう。計算して描いてみましょう。
$180 \times (\frac{5}{2} - 2) \div \frac{5}{2} = 36$

内角は36度。

描いてみると、なんと星形が登場しました（図3）。

実は「星形2分の5角形」とも呼ばれる形です。

では、「正3分の8角形」は？ 「正4分の9角形」は？ いずれも星形が登場しました（図4）。

分子が星の出っ張りの数。

ある子は図5のような柄も描きましたよ。

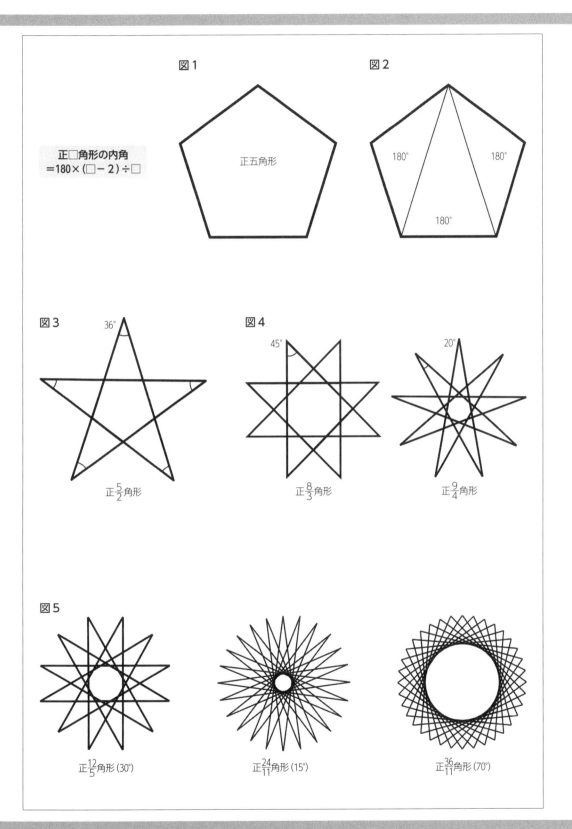

㉞ 形のパターン、立方体では？

同じ立方体5個の組み合わせ方は、何種類ある？

→立方体では，正方形の組み合わせにはない関係が生まれます。

　前に、正方形をつなげていく形を紹介しました。1個ならモノミノ、2個ならドミノ……という名前でしたね。今回は、平面の正方形ではなく、立体である「立方体」の積み木をつなげる形を考えてみましょう。

　問題です。

　同じ立方体の積み木5個すべてを使った時、何種類の形ができるでしょう。ただし、面と面がずれないようにつなげます。

　1個の場合から、順に考えてみます。1個なら1種類。「モノミノイズ」と呼ばれます。2個は「ドミノイズ」と呼ばれ、やはり1種類。3個は「トリミノイズ」と呼ばれ、図1のように2種類できますね。

　少し難しくなり、4個ならどうでしょう。「テトロミノイズ」と呼ばれます。私が昔、担任した子が全部作ってくれました。積み木がなければ、厚紙で自分で作ってもいいので、試行錯誤してみてください。答えは7種類（図2）。鏡に映した逆の形もできますが、これは「同じ形」と見なしましょう。

　さあ、ここからが本題。

　いよいよ5個つなげた形、「ペントミノイズ」に挑戦です。平面の「ペントミノ」は何種類できたか覚えていますか？（p.29の図1参照）

　12種類でした。それをもとにして考えれば、まずは12種類できますね（図3）。今度は、積み木を上に積んだ状態を考えます。すると……図4の11種類できます。合わせて23種類もできました！

　宙に浮いたものもできますが、これも異なるものと数えます。お孫さんと一緒に遊びながら考えれば、頭もさえてきますよ。

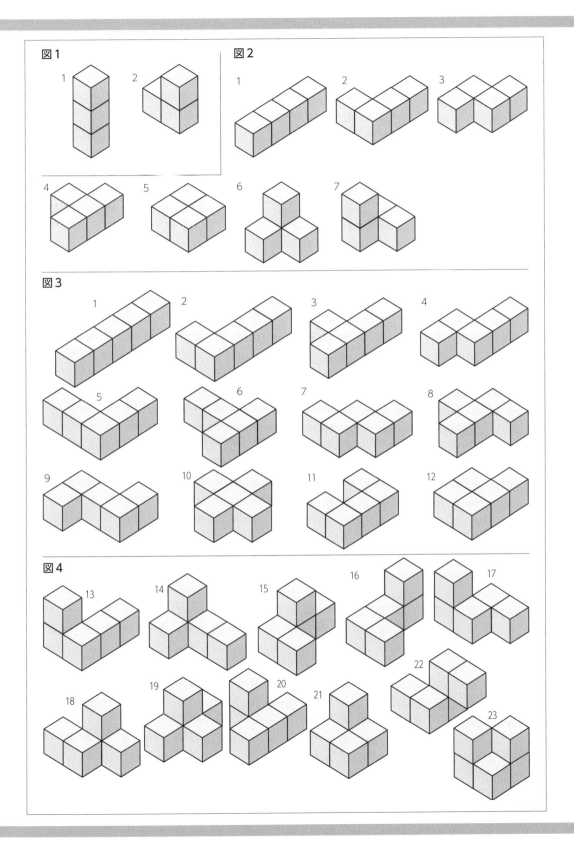

35 折り紙、1回切っただけ

どのように折り、どこを切った？

→ 折って1回切ったら、面白い形ができます。
→ どんな折り方をしたらいいか、先を読むところがポイント。

「折り紙」は世界に誇れる日本の文化であり、算数の力をつけるには最適なものです。今回は、その折り紙を使ってみましょう。

図1を見てください。「7つの○」がありますね。これは、1枚の折り紙を折って、ハサミで1回だけ切って作られています。さて、どのように折って切ったか、わかりますか？ 真田の家紋のような6つの○ならまだ簡単そうですが、7つは難しいですね。

では、図2を見てください。三角形になるように半分に2度折ります。1度だけ開き、三角の両端を、レストランのナプキンのように内側に折って重ねます。下の角を上の角にあわせて半分に折り、さらに、その角を再び下へ折り返します。その時、先が少し下に出るようにするのが、ポイントです。図3のように最後に折り返した部分を少し残し、切って、開けば出来上がり！

1回切っただけで7つの○が登場するなんて、面白いですね。

切り落とした紙を開いて、折り目をなぞってみると六角形と対角線が見えてきませんか？（図4） どう作ったのかわかりますね。

これは曲線1本で切りましたが、直線1本で切って様々な形を作る研究をしている人もいます。以前、対談した建築家の山本厚生さん。『ひと裁ち折りの魅力』（2006年 萌文社）という本も出されています。

そのうち一つを紹介しましょう。図5のように折って、切ってみてください。どんな形ができるでしょう。

バレンタインデーより前に、作ってみるといいですね。

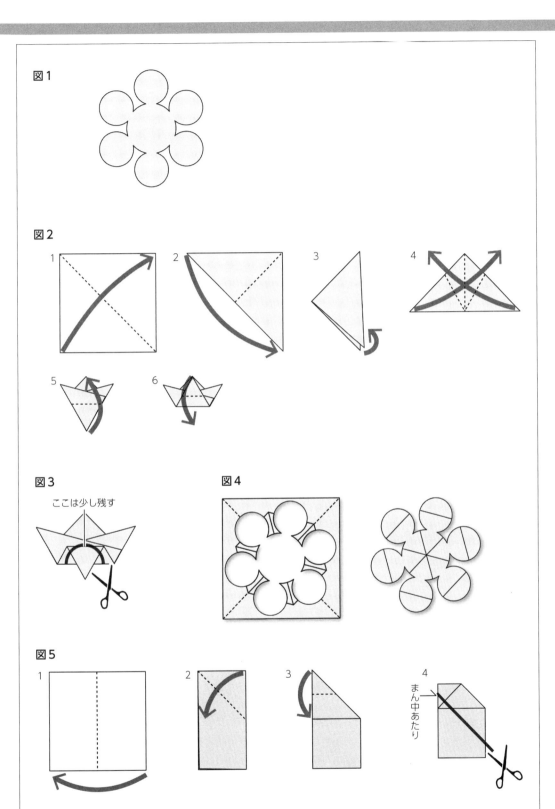

㊱ おでんマーク

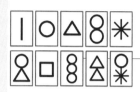

10枚のカードの表すものは何？

→記号化したある数字を順番に並べています。

　10枚のカードが並んでいます（図1）。おでんのマークのようですが、これは一体、何でしょう。

　ヒント。最初は数字の「1」です。さて、わかりましたか？

　そう、実は1〜10の数を表しているんです。では、マークの意味がわかりますか？

　○は、一つおきで登場します。△は、二つおき。4番目は、○と○がくっついています。6番目は○と△……。決まりが見えてきましたか？

　これは、数を「かけ算」の形で表しています。つまり、図2のように、2（○）×2（○）＝4（○○）、2（○）×3（△）＝6（○△）というわけです。この決まりで見直せば、数の構成もわかるでしょう。10＝2×5ですね。「一つの数に二つ以上のマークもできるのでは」という声が聞こえてきそうです。確かにつなぎ順を変えるものはできます。でも、組み合わせはこのパターンしかありません。かけ算で表せない5や7は、新しいマークになっています。

　では、続きを20まで作ってみてください。何か見えてきませんか？　最初の1を除き、新しいマークを作ったものはかけ算に分解できない。つまり「素数」です。

　100までにいくつ新しいマークができるでしょう。私の教え子が、面白がってやりました。いろんなマークを考案し、全部で25個。11のマークは斜めに登場しますし、91は素数のようですが、13×7で表せることが一目でわかります。このような数は「合成数」といいます。数の仕組みがわかるので、やってみてください。

図1

図2

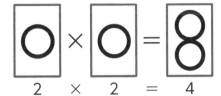

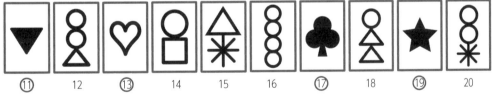

図3

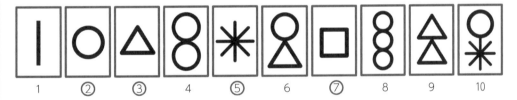

(◯で囲んだ数字が素数)

㊲ 一筆書きできる？

行きつ戻りつして、無事通過？

➡一筆書きでは、同じ線上を2度通ることはできません。
➡各頂点につながる線の数に注目します。

　右の図1のような三つの形があります。この中で「一筆書き」で描けるのはどれでしょう。わかりますか？

　まずは、試行錯誤してみてください。

　答えの前に、数学の有名な問題をご紹介しましょう。18世紀、東プロイセンのケーニヒスベルクという町に7本の橋がありました（図2）。それぞれの橋を1回だけ渡って、全部を渡りきるコースがあるかが話題になりました。

　みんななかなかわからないところで解いたのが、オイラーという数学者でした。地図の橋を線、陸部分を頂点として図3のように描いてみます。各頂点に何本の線がつながっていますか？

　奇数本の線がつながる頂点を「奇頂点」、偶数本なら「偶頂点」と呼ぶことにします。

　一つの点を線が通り過ぎる場合は、入り口と出口の2本の線ができるので、何回通っても必ず偶頂点になります。逆に、奇頂点であれば、そこが出発点か終点になります。

　ですから、一筆書きができるのは、奇頂点が出発点と終点の2個ある図か、（奇頂点がない）＝（全て偶頂点の図）、ということになります。

　図3は、奇頂点が4個、偶頂点はなし。ですから、一筆書きでは描けませんね。

　ここまでわかれば、図1の三つも検証できますよ。①と②は奇頂点が2個、③は0個。ですから、答えは、どれも描けるのです。どう描けばいいか、再挑戦してみてください。

　おまけの問題です。図4は一筆書きできるでしょうか。できない？　そうですね。でも、図のように少し工夫したらできますよ。

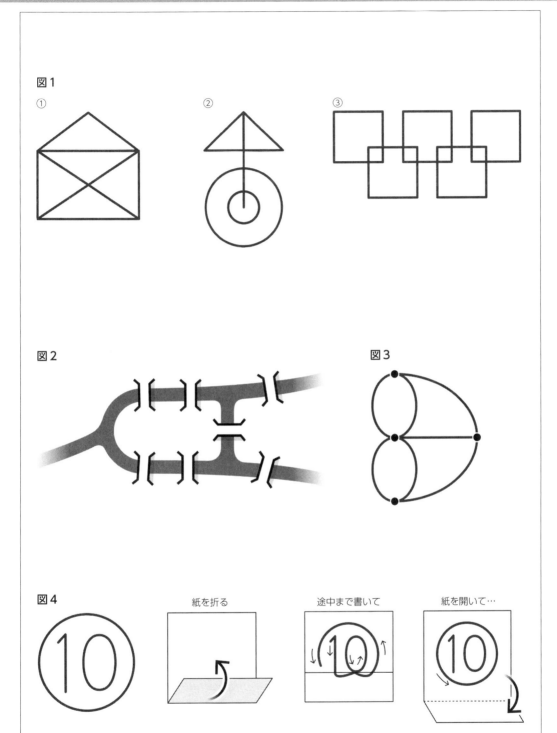

図1
① ② ③

図2

図3

図4　　　紙を折る　　　途中まで書いて　　　紙を開いて…

㊳ 模様作りで対称の概念

この模様、どう作る？

➡ 模様作りを通して「対称」を学びます。
➡ 折って重なる「線対称」と、回して重なる「点対称」。

　今回は「対称」の概念を育てる簡単な模様作りをお伝えしましょう。

　「対称な図形」かどうかを見分ける力は、受験問題などにも応用できます。

　図１を見てください。折ってぴったり重なる図形を線対称な図形と言います。これは両方とも線対称な図形です。

　まず、違う色の折り紙を２枚用意してください。１枚を縦半分に切ります。その長方形に好きな模様を描いて切り取ってください。残った部分も、切り取った部分も両方使いますから、捨てないで残してください。すべて切れたら、もう１枚の折り紙の左半分に、元通りの長方形に戻して乗せます（図２）。折り目の線は「対称の軸」となります。

　その後、切り取った部分だけをパタンと倒すようにして、右半分に乗せてみると、左右対称な模様ができますね。のりづけすれば、完成！　上半分に置けば上下対称になりますし、最初に三角に半分に折って切れば対角線に対して対称の模様ができます。きれいなので、誰かに贈るカードにもできそうです。

　ここで問題です。

　図３の模様はどのようにして作ったでしょう。実は、これも「対称な図形」です。先ほどと同じように半分にして、好きな模様を切り取り、右半分に元に戻して置いてください。今度は切り抜いた部分を、台紙にする１枚の真ん中の点を中心に180度回転させてみてください。この点を「対称の中心」と言います。のりづけして、出来上がり！

　これは回転対称の特殊なもので、180°回転するとぴったり重なる図形です。点対称な図形と言います。

　先のものは「線対称」、後のものは「点対称」の図形で、どちらも対称の概念が基になっています。

図1

 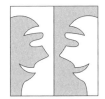

図2

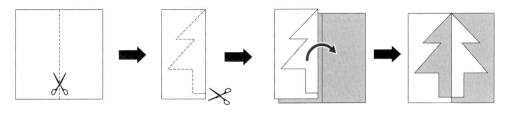

図3

 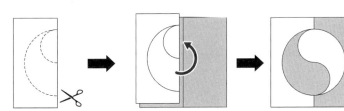

著者紹介

坪田 耕三（つぼた こうぞう）

1947年東京生まれ。青山学院大学文学部教育学科卒業。東京都世田谷区立深沢，松原小学校，筑波大学附属小学校，同校副校長，筑波大学教授を経て，現在，青山学院大学教授及び早稲田大学非常勤講師。
第32回読売教育賞受賞。元日本数学教育学会常任理事，元全国算数授業研究会会長，ハンズオン・マス研究会代表。『小学校学習指導要領解説 算数編』（文部科学省）作成協力者，教育出版教科書「算数」監修者，『個に応じた指導に関する指導資料―発展的な学習や補充的な学習の推進―』（文部科学省，販売：教育出版）作成協力者。『指導と評価』編集委員。NHK学校放送算数番組作成協力者。JICA発展途上国支援協力者。
主著に，坪田式算数授業シリーズ①〜④，『素適な学級づくり 楽しく・優しく』（以上，教育出版），『算数科 授業づくりの基礎・基本』（東洋館出版），『算数的思考法』（岩波新書），ほか多数。

坪田耕三の 切って はって 算数力

2016年11月29日　初版第1刷発行

著　者　坪　田　耕　三
発行者　山﨑　富士雄
発行所　教育出版株式会社

〒101-0051 東京都千代田区神田神保町2-10
電話 03-3238-6965　振替 00190-1-107340

©K. Tsubota 2016　　　　　　　　　組版　ピーアンドエー
Printed in Japan　　　　　　　　　印刷　テンプリント
落丁・乱丁はお取替いたします。　　製本　上島製本

ISBN978-4-316-80443-9　C3037